문재인 기록

문재인 기록

초판 1쇄 발행 2022년 1월 14일

지은이 이종철
펴낸이 장길수
펴낸곳 지식과감성#
출판등록 제2012-000081호

교정 정은지
디자인 박예은
편집 박예은
검수 김우연, 이현
마케팅 고은빛, 정연우

주소 서울시 금천구 벚꽃로298 대륭포스트타워6차 1212호
전화 070-4651-3730~4
팩스 070-4325-7006
이메일 ksbookup@naver.com
홈페이지 www.knsbookup.com

ISBN 979-11-392-0287-8(03810)
값 13,000원

지식과감성#
홈페이지 바로가기

• 이 책의 본문에 '을유1945' 서체가 적용되어 있습니다.
• 이 책의 본문에 네이버에서 제공한 나눔글꼴이 적용되어 있습니다.

이종철 지음

문재인 기록

정치란 무엇인가? 정의란 무엇인가?

정치가 국민을 편안하게 해주어도 모자랄 판에

정치가 국민을 괴롭히고 있다

지식과감성#

프롤로그

정치란 무엇인가?

이 물음에 현대에서 가장 많이 인용하는 대답이 공자(孔子, B.C.551~B.C.479)의 말씀일 것이다.

子貢 問政
子曰 足食足兵民信之矣
子貢曰 必不得已而去 於斯三者 何先
曰 去兵
子貢曰 必不得已而去 於斯二者 何先
曰 去食 自古皆有死 民無信不立

- 『논어』「안연」편 7장

자공이 공자에게 정치란 무엇인가 묻자,

공자가 대답하기를, "양식을 풍족하게 하고, 병력을 충분하게 하며, 백성이 신뢰하게 하는 것이다."

자공이 묻기를, “어쩔 수 없이 버려야 한다면 세 가지 중 어느 것을 먼저 버려야 합니까?”

공자가 말하기를, “병력을 버려야 한다.”

자공이 묻기를, “어쩔 수 없이 버려야 한다면 두 가지 중 어느 것을 먼저 버려야 합니까?”

공자가 말하기를, “먹을 것을 버려야 한다. 예로부터 사람은 언젠가는 모두 죽는다. 그러나 백성의 신뢰가 없으면 나라는 존립할 수가 없다.”

지금 우리나라의 정치는 ‘국민의 신뢰’를 잃었다.

‘민무신불립(民無信不立)’ 상태인 것이다.

우리 국민들이 가장 실망하는 점이 바로 이것이다.

문재인 정부를 향해 ‘위선 정부’라고 부르는 이유다.

안타까운 것은 이렇게 비판을 받는 사람들이 우리 현대사에서 ‘정의를 독점하는, 독점해온’ 이들이라는 사실이다.

이들은 정의를 부르짖으며 싸웠던 이력으로 자신의 가슴에 ‘민주주의’라는 훈장을 달고 산다. 그리고 그것의 ‘정치적 대물림’을 하고 있다.

그러나 문재인 정권을 통해 그들은 그 이중성을 극명히 보여주고 말았다.

상대가 하면 불의였던 것을 자신들이 하면서는 정의로운 것이라고 주장했다.

‘아무렇지 않다’고 했다. ‘뭐가 문제냐’고 했다. 현란한 말재간으로 포장했고 강변했다. 부끄러움이란, 반성이란, 성찰이란 찾아보기 어려웠다.

'공정'과 '상식'이 시대의 화두가 되었다는 것은 참으로 불행한 일이다.

매우 기초적인 것이 가장 절실한 덕목이 되었다는 사실은 그만큼 사회가 뒤틀렸고, 썩었다는 소리다.

정치가 국민을 편안하게 해주어야 하는데 정치가 국민을 못살게 굴고 있다.

'가정맹어호(苛政猛於虎)'라는 말이 있다.

가혹한 정치는 호랑이보다 무섭다는 뜻이다.

잘못된 정치가 국민을 얼마나 힘들게 하는지 우리 국민들은 절실히 체험하였다.

'국민을 탓하며 무능을 감추는 것'은 이 정부의 일관된 행동 패턴이었다.

보다 보다 못해 "이 정부는 오로지 단속 아니면 국민을 '범죄자' 취급인가" 논평했었다. 그러나 그 이후에도 바뀌지 않았다.

코로나19로 벼랑 끝에 선 자영업자들은 적절한 보상도 없이 범죄자로 내몰린다. '위드코로나'의 예측 실패로 국민들은 병원도 못 가보고 길거리와 집에서 속절없이 죽어가고 있다.

정치가 국민을 편안하게 해주어도 모자랄 판에 정치가 국민을 괴롭히고 있다.

국민을 살리는 정치가 아니라 국민을 죽이는 정치가 되고 있다.

플라톤(Plato, B.C.427~B.C.347)은 위대한 스승 소크라테스(Socrates, B.C.470~B.C.399)가 말재주밖에 부릴 줄 모르는 사이비 철학자들에 의해 비참하게 죽어가는 것을 보고 정치의 중요성과 정치가의 중요성을 절감하였다. 그리하여 그는 『국가론』을 쓰고 '철인정치론'을 펼쳤다. 그는 철인이 나와서 정치를 해야지만 '올바름'을 실현할 수 있다고 보았다. 그러면서 그는 철인정치인을 양성하기 위한 방법을 방대한 저술을 통해 구구절절 설명하고 있다. 그는 제1장을 '정의란 무엇인가'로 시작했다.

우리에게 참된 정치인이 있는가? 참되다는 것은 무엇이고 올바르다는 것은 무엇인가? 그리하여 참된 정치인이란 어떤 사람인가?

문재인 정부하에서 약 3년이라는 짧지 않은 기간 정당의 대변인으로 활동하였다. 그동안 수많은 논평을 썼다. 오직 국민을 대신한다는 일념으로 임했다. 그중 일부를 묶는다.

돌이켜보면 이것으로도 문재인 정부가 무엇을 잘못하였는지 밝히기에 부족하다는 생각이 든다. 불행하게도 논평은, 문재인 정권의 위선의 기록이 되고 말았다.

야당이라고 낫다고 할 수 없다. 그래서 야당은 계속 선거에서 패했다. 논할 가치조차 없다.

더 이상 국민의 신뢰를 잃는 정부가 나와서는 안 될 것이다. 진보와 보수를 막론하고 '위선의 정치'만은 더 이상 우리의 미래세대에게 보여주지 않기를 바란다. '위선 집단'이 '정의'를 독점하는 부조리는 종언을 고해야 한다.

끝으로 간절히 덧붙이고 싶은 말이 있다. 이 정부하에서 너무나도 처절하고도 무참하게 짓밟힌 '정의'에 관한 것이다.

"먼 훗날 오늘 우리가 한 일을 돌아볼 때, 우리와 똑같이 '인간다운 삶'을 살 자격이 있는 북한 주민을 위해 '옳은 일을 했다'고 말할 수 있게 되길 진심으로 기원합니다."

– '북한인권 안건 채택' 관련 오준 UN한국대표부 대사의 UN안보리 마지막 발언

기상천외한 '헌법재판소장 후보 실종 사태', 국민이 직접 찾아 나서야 하나?

김이수 헌법재판소장 후보자가 '실종'되었다.

김이수 후보에 대한 인사 청문회를 마쳤음에도 후속 조치가 전혀 이루어지지 않고 있다. 김이수 후보는 왜 논의 선상에서 사라졌단 말인가.

청문회는 지난 6월 8일 마무리되었다. 그 후 한 달이 지났음에도 김이수 후보에 대한 가부 결정이 안 되고 있다.

이쯤 되면 지명 철회를 하든지 아니면 표결에 부쳐 가부 결정을 하든지 해야 할 것이다.

청와대는 국회 동의가 전제되는 헌법재판소장에 대해서는 일언반구 없이 방치해놓은 채, 정부 부처 장관들에 대해서는 '밀어붙이기' 식으로 나아가고 있다.

이 같은 행태는 국민들 눈에, '국회 배제 일방통행'의 의사 표시로 읽히고 있다.

문재인 정부의 기상천외한 '김이수 실종 사태'에, 국민들은 김 후보자를 기억 속에서 지워버려도 되는 건지 아니면 직접 찾아 나서야 할 판인지 참 헷갈린다.

2017. 7. 10.

대북전단지 막으라는 문재인 대통령, 부끄럽다

귀를 의심했다.

문재인 대통령이 "대북전단지 살포 막을 방법을 찾으라"고 했다 한다.

대북전단지는 북한 인권을 위해 한국의 민간단체들이 북한으로 날려 보내는 것이다. 주로 탈북자들이 활동을 해왔다.

대북전단은 '살아남은 자들'의 마지막 소명이었다. 지옥 같은 북한을 탈출해 무사히 남한에 정착한 탈북자들에게, 이것은 남은 가족을 위한 '처절한 몸부림'이자 '눈물의 행동'이었다.

대북전단은 북한의 독재체제에 가장 치명적인 영향을 줄 수 있는 도구라 한다. 북한 주민들이 '진실'을 알게 되는 것만큼 두렵고 무서운 것은 없기 때문이다. '총알보다', '대포보다' 강력한 무기인 것이다.

'화성-14' 2차 발사 후 아무렇지 않은 듯 휴가를 떠난 대통령은 급변하는 동북아 정세의 중요한 때를 놓치고 있다는 비판을 받았다. '대한민국 안보마저 휴가를 보냈다'는 웃지 못할 말에 국민들이 공감했다.

그리고 돌아온 이야기는, 참으로 놀랍게도 '대북전단을 막을 방법을 찾으라'는 지시를 오래전에 했다는 소식이다.

대통령의 인식에 놀라움과 절망을 느낀다. 아니 그보다 먼저 가슴이 아픈 것은 북녘의 동포 앞에 얼굴을 들 수 없다는 사실이다.

동포들의 인권은 팽개치며 독재자와 독재체제에 평화를 구걸한 '대한민국 대통령'을, 통일이 된 후 북녘 동포들은 어떻게 기억하고 기록할까.

2017. 8. 5.

문재인 정부는 '언론 점령군'이 되려는가

일련의 기도가 최후 순간에 온 것 같다. 문재인 정부와 MBC 노조의 MBC 경영진 '밀어내기', '쫓아내기'가 노골화되고 있다.

문 정부는 취임하자마자 MBC에 이례적인 특별근로감독을 실시했다. 12일 동안 '탈탈 털고도' 나오는 게 없자 기간까지 연장했다.

전국언론노동조합 MBC 본부는 일명 '블랙리스트'를 들고 나와 파업을 개시했다. 알고 보니 4년 전 한 기자가 개인적으로 만들어 공유한 것이었다.

이효성 방송통신위원장을 임명하며 문재인 대통령은 "지난 10년간 가장 심하게, 참담하게 무너진 부분이 우리 방송, 특히 공영방송"이라고 밝혔다.

이효성 위원장의 방문에 여당의 추미애 대표는 "방송이 바로 서야 민주주의도 꽃필 수 있다"고 했다.

우원식 원내대표도 "공영방송 정상화는 민주주의 회복의 첫걸음이고 문재인 정부의 최우선 과제"라고 강조했다. 그러면서 "망가질 대로 망가진 공영방송의 처참한 현실을 잘 파악하셔서 조속한 시일 내 공영방송 정상화 조치를 해주실 것을 요청드린다"고 주문했다.

이효성 방송통신위원장은 '몸을 조아리며' 말했다. 3년 임기가 보장된 경영진에 대해, '그만두게 할 권한이 있다'면서 '기간이 오래 걸리지 않을 것'이라고 했다. 내부가 시끄러운 것을 이유로 들었다.

아직 임명도 안 된 고용노동부 장관 후보자는 벌써부터 'MBC 고소·고발'을 운운한다.

이쯤 되면 MBC에 대한 전방위 공격이다. 정부와 노조의 짬짜미, 여당과 방통위의 '협잡'이라 해도 과언이 아니다. 여당의 원내대표가 방송통신위원장에게 이렇게 노골적으로 지시를 해도 되는 걸까?

문재인 정부는 MBC 탄압을 당장 중단해야 한다.

정권이 바뀌었다고 방송을 이렇게 막무가내로 장악하려 해서 되는가. 아니 이 정도면 '장악'도 아닌 '탄압'이다. 이쯤 되면 문재인 정부는 '언론 점령군'이라 불려도 할 말이 없다.

'방송의 공정성'이니 '언론 자유'니 '민주주의'니 하는 이 정부의 후안무치(厚顔無恥)한 두 얼굴이 기가 막히다. 본인 말처럼 "공영방송을 참담하게 무너뜨리는" 장본인은 다름 아닌 문재인 대통령이다.

2017. 8. 12.

'사드 과담', '전자파 괴담' 퍼뜨린 사람들 지금 어디 있나?

국방부와 환경부가 성주 사드 기지에서 전자파를 측정한 결과 극히 미세 수준이라고 밝혔다. 인체허용 기준치의 200분의 1에도 미치지 않는 0.46%라고 한다. 소음도 기준치 이하였다.

우리는 이 시점 온 나라를 '들었다 놨던', '사드 괴담', '전자파 괴담'에 대해 돌아봐야 한다.

일부 언론은 오보까지 해 가며 얼마나 무시무시한 공포를 조장했던가. 시민단체를 가장한 사드 반대 종북단체는 말할 것도 없고 정치권까지 가세해 얼마나 허황한 주장을 하고 혼란을 부추겼던가.

국민과 성주 지역 주민들을 생각해서라도, 정말 양심이 있다면 일말의 가책이나마 느껴야 할 것이다.

사실 이런 결과는 충분히 예상이 되었다. '사드 괴담', '전자파 괴담'을 퍼뜨린 일부 언론과 단체, 정치권은 대오 각성해야 한다.

그런데 그 누구도 반성하고 책임지는 사람이 없다.

얼마 전에도 국회에 출석한 송영무 국장부 장관을 통해 전자파가 검출되지 않았다는 사실이 전해진 바 있다.

그때도 그 누구 한 명 반성의 말을 하는 사람 보지 못했다.

선량한 주민과 국민들의 가슴에 대못을 박고 공포를 조장한, 일부 언론과 시민단체, 정치권의 사이비 '괴담주의자'들은 진정 반성해야 한다.

2017. 8. 13.

문재인 정부의 첫 광복절 행보가 국민을 갈라놓는 것이라니…

문재인 대통령은 첫 광복절을 국민 분열을 야기하는 행보로 이끌고 말았다.

대통령은 "건국절 논란에 종지부를 찍겠다"고 했다. 그러면서 '1919년 건국설'을 공식화했다.

1919년 임시정부의 법통을 계승하는 것은 우리 헌법에 명시되어있다.

또한 1948년 대한민국이라는 '나라 만들기' 역사 역시 매우 값지고 소중한 것이다.

그러나 우리 사회는 '1919년 건국'과 '1948년 건국'이 '좌파'와 '우파'의 전유물이 되어, 한 치도 양보할 수 없는 것인 양 날카롭게 대립하고 있다.

이것은 국민적 총의와 합의를 차분히 모아 나갈 문제로 어느 일방이 선언적이고 독단적으로 정리할 수 있는 것이 아니다.

대통령은 더더욱 이런 점을 감안해 신중하게 접근해야 하며 오직 국민통합과 국론통일을 먼저 고려해야 한다.

학계와 사회계의 토론 및 타협, 절충 등을 통한 합의 그리고 이후 역사에 맡겨둬도 될 것이다.

벌써부터 대통령의 '1919년 건국', '종지부'에 거센 반발이 나오고 있다.

대통령의 광복절 첫 행보가 국민을 갈라놓고, 눈앞에 뻔히 예상되는 대립과 갈등을 더욱 부추기는 것이었다니 참으로 안타깝다.

그것도 대통령 스스로 밝히듯이, '작심하고' 말이다.

2017. 8. 15.

사드 전자파 괴담의 진원지 추미애 대표는 국민 앞에 사과하라

추미애 대표, 이재명 성남시장, 우상호 의원, 김종대 의원 등이 사드 괴담의 장본인이었음을 접하며 새삼 아연실색한다.

김한정·김현권·박주민·소병훈·손혜원·표창원 의원과 김홍걸 국민통합위원장 등의 '사드 괴담송'의 가사는 "외로운 밤이면 밤마다 사드의 전자파는 싫어, 강력한 전자파 밑에서 내 몸이 튀겨질 것 같아"라고 한다.

사드 전자파 괴담을 퍼뜨리는 데 일조한 정치권의 가장 큰 잘못은, 아무것도 모르는 선량한 주민들을 선동해 공포를 느끼도록 이끌었다는 데 있다.

정말 그 지역 주민들의 입장에서 생각하면, 만일 그것이 사실이라면 어마어마한 공포가 아닐 수 없다.

당시 성주군민들이 사드 배치 반대에 머리띠를 질끈 매고 나온 이유는 "자신은 전자파에 죽더라도 자기 자식만큼은 안전하게 살게 해야 하지 않겠냐"는 것이었다.

'청정 참외'가 '사드 참외', '전자파 참외'로 둔갑하여, 평생을 농사를 지어온 농민들의 가슴이 무너져 내렸기 때문이었다.

당시 퍼져나갔던 각종 사드 괴담은 그야말로 온 국민을 불안으로 몰아갔다.

다른 누구도 아닌 정치인들이 그 무책임한 괴담의 선동자요, 전파자였던 것을 과연 어떻게 받아들여야 할까.

정치권의 사드 괴담 당사자들은 이제라도 국민 앞에 정중히 사과해야 한다.

추미애 당대표가 민주당 의원들을 대신해 최소한 대표로라도 사죄하는 모습을 한번 보고 싶다.

과연 그런 정직과 용기가 있는가.

2017. 8. 24.

성급한 발표, 누구의 판단인가

우리 군이, 북한이 지난 26일 발사한 단거리 발사체의 기종과 관련 단거리 탄도미사일로 평가했다고 밝혔다. 당초 300mm 방사포라는 청와대 발표에서 달라진 것이다.

발사체의 성격을 둘러싸고 청와대가 수위를 애써 낮춘 것인지 의혹이 제기되었다. 한미 간 정보 공조에 균열이 생긴 것이냐는 문제제기도 나왔다.

왜 이런 일이 생긴 건지 청와대는 밝혀야 한다.

최초 판단이 어떻게 이루어진 것인가?

누구의 판단에 의해 청와대가 성급하게 발표한 것인가?

대통령에게도 보고된 후 발표한 것인가? 정확하게 밝혀야 한다.

그리고 그 책임자에 대한 인사 조치가 있어야 한다.

애초 청와대가 나서서 발표할 일이 아니었다. '낄끼빠빠'해라(낄 데 끼고 빠질 데 빠져라).

2017. 8. 28.

청와대 문건 발견 관련

청와대가 전임 정부의 문건이 다량 나왔다고 또 발표했다.

청와대는 대통령기록관으로 이관하고 검찰 등이 원할 시 보내겠다고 했다.

'블랙리스트' 관련 사항 등 국정농단 관련 자료가 있다고 말한다.

하필 이 시점에 '또 문건이 나왔다'는 발표가 있는지 의문이다.

청와대는 이 자료들을 지난 10일 발견했다고 한다. 그런데 왜 18일이나 지난 오늘에야 발표를 하는 건가?

항간에는 26일 북한이 발사한 탄도미사일에 대해 방사포라며 청와대가 애써 수위를 낮췄다가 단거리 탄도미사일이라고 번복하는 과정에서,

그 '후폭풍'으로 정부에 대한 비판이 빗발치자, 이를 무마하기 위해 이 시점 또 문건이 나왔다고 발표하며 이용하고 있다는 의심이 제기되고 있다.

청와대가 문건이 나왔다고 발표를 거듭하면서 이제는 그다지 놀랍지도 않은 '문건 쇼'로 전락해버린 지경이다.

이사를 가도 집을 치우고 가고 이사를 들어가도 집부터 치우고 짐을 들여놓는데 도대체 청와대는 이사 들어간 지 3개월이 지났는데 언제까지 문건이 쏟아져 나올 심산인가?

2017. 8. 28.

우원식 원내대표 '공무원 줄 세우기', '신 적폐' 아닌가

더불어민주당 우원식 원내대표가 '정부 부처별 적폐 TF'를 만들자고 했다.

공무원들을 향해 "적폐 청산에 무감각하다"고 했다. "부끄러운 과거에 대한 처절한 반성과 참회가 눈에 띄지 않는다"면서.

귀를 의심한다.

공무원들을 '적폐 공무원'으로 내몰고 있다. 이를 통해 무엇을 얻으려 하는가.

도가 지나치다.

공무원은 정권을 초월해야 한다.

전임 정부의 정책에 임했다고 적폐 공무원이라고 하면 공무원들이 불안해서 어떻게 '국민의 공복'이 되겠는가.

공무원은 정권 눈치 보지 않고 국민만 보면서 업무를 해야 하지 않겠는가.

우원식 대표의 발언은 공무원의 정치적 중립성을 규정한 헌법 7조를 뒤흔드는 발상이다.

'공무원 줄 세우기' 하지 말기 바란다. 이거야말로 '신 적폐'다.

여당의 우원식 원내대표에게 정중히 충고한다.

정부 여당은 지난 100일이 사실은 '과거 정부의 실패에 기댄 시간'이 아니었는지 냉정히 돌아보아야 한다.

언제까지 과거를 파먹고 살 텐가.

과거를 파먹고 사는 이에게 미래가 있나. 파먹다 파먹다 더 파먹을 게 없으면 어떡하려고 하나.

국민들은 이제 미래의 희망을 보고 싶다.

ps.

「헌법」 제7조

제①항: 공무원은 국민 전체에 대한 봉사자이며, 국민에 대하여 책임을 진다.
제②항: 공무원의 신분과 정치적 중립성은 법률이 정하는 바에 의하여 보장된다.

2017. 8. 30.

북한 핵실험 징후 관련

북한 핵실험 징후가 포착됐다.

정부는 신속히 진위를 파악해주기 바란다.

만일 사실이라고 한다면 참으로 심각한 문제이다.

아침에는 '수소폭탄' 점심에는 '핵폭탄', 한반도 불안 시계(時計)가 정점에 이르렀다.

앞날은 '시계(視界) 제로' 상태다.

그동안 정부는 추가 도발이 없으면 '대화 신호'라는 얼토당토않은 기준을 내놨었다.

애걸복걸 대화 구걸하다 말도 못 붙이고 패대기 당했다.

농락도 이런 농락이 없다.

이 나라 운명은 어디로 가나. 등골이 오싹하다.

우리 국민의 생명과 안전을 어찌해야 한단 말인가.

2017. 9. 3.

'야당이 적폐'라는 추미애 대표, 사과하라

더불어민주당이 김이수 헌법재판소장 후보를 일방적으로 직권상정하려 하고 있다. 오늘도 직권상정하려다 국민의당의 요청으로 보류했다고 한다.

더불어민주당은 국민의당과 짬짜미해 어떻게든 표결 통과시키려 하고 있다.

여당은 김이수 후보와 관련, 인사청문회 경과보고서 채택을 건너뛰어 직권상정을 하려는 시도를 중단해야 한다.

계속 이렇게 한다면 더불어민주당이 '협치'를 위한 노력을 포기한 것으로밖에 해석할 수 없다.

무엇보다 추미애 대표는 야당을 향해 '적폐세력'이라고 한 발언을 사과해야 한다.

추미애 대표는 김이수 후보와 관련 "헌재에 대해 적폐세력이 반기를 든 것"이라고 말했다.

야당을 적폐세력이라고 말하는 여당과 도대체 무엇을 함께 논의할 수 있는가.

김이수 후보는 둘째 치고 이런 여당에 이만큼 협조하는 야당도 국민 보기 부끄러워 정말 많이 참고 인내하고 있다는 걸 알아야 한다.

2017. 9. 4.

'박정희·박근혜 지우기'인가, 대한민국 지우기인가

정부가 새마을운동 관련 ODA(공적개발원조) 사업을 대폭 축소하고 내년부터는 신규 사업은 추진하지 않는다고 한다.

기존 사업에서 '새마을운동' 관련 요소를 제거하고 '새마을' 명칭도 사용하지 않는다고 한다.

새마을운동은 세계가 훌륭하게 평가하며, 자타가 공인하는 저개발 국가의 개발 모델이다. 개발도상국에 '물고기 잡는 법'을 알려주는 우리나라의 자랑스러운 '수출품'이 되어있다.

이를 더 확대하지는 못할망정 오히려 축소하고 '새마을'이라는 브랜드 자체를 없애버리겠다니 이게 과연 '국익'을 생각하는 처사인가.

문재인 정부의 정파적 관점과 협량한 모습이 갈수록 태산이다.

얼마 전에는 '박정희 전 대통령 기념우표'도 돌연 취소했다.

문재인 대통령에게 묻고 싶다.

'박정희·박근혜 지우기'를 하는가, '대한민국 지우기'를 하는가.

아무리 지우고 싶어도 공사(公私) 구분은 해야 할 것 아닌가.

2017. 9. 15.

'김명수 표결', 청와대가 먼저 사과해야 한다

김명수 대법원장 후보에 대한 표결이 예정됐다.

그전에 청와대는 국회에 사과를 해야 한다.

문재인 대통령은 며칠 전 김명수 후보의 인준을 요청하는 입장문을 냈다. '민주주의 요체인 3권 분립을 존중해달라'고 한다.

과연 문 대통령이 이런 말을 할 자격이 있는가 되묻고 싶다.

'김이수 부결' 당시 청와대는 "분노한다"고 했다.

국회의 정당한 표결 결과였다. 부결하면 분노하고 가결하면 인정하는 것이 3권 분립인가. 문 대통령의 3권 분립은 국회를 한낱 '거수기'로 만드는 것인가.

청와대는 "헌정 질서를 정략적으로 악용한 가장 나쁜 사례", "반대를 위한 반대"라고 했다.

만일 김명수 후보가 가결되면 환영하고, 부결되면 또 분노한다고 말할 것인가.

그래서 대통령의 입장문은 진정성보다는 '위선'으로 다가온다.

청와대가 사과하지 않는 한, 국회가 김명수 표결에 임하는 것 자체가 어불성설이다.

2017. 9. 20.

더불어민주당은 왜 광화문으로 몰려가지 않나

한미FTA 개정 협상이 결국 시작되었다는 소식에도 불구하고 더불어민주당은 침묵을 지키고 있다.

원래대로 하면 더불어민주당은 '환영'의 뜻을 밝혀야 할 것이다. 이참에 한미FTA를 폐기하자고 다시 한번 주장해야 맞을 것이다.

공교롭게도 한미FTA 재협상은 미국 측에서 나왔다. 손해가 너무 커서 도저히 그대로 지속할 수가 없다는 이유였다.

정권이 바뀌고 이 같은 논의가 본격화되자 정부 여당은 당황해했다.

한미FTA가 미국에 대한 '을사늑약', '불평등 협정'이라고 주장했던 자신들의 행동이 틀렸다는 것이 역으로 입증이 되었으며, 이제는 정권이 바뀌어 '잘된 협상'을 어떻게든 방어해야 하는 위치에 섰기 때문이다.

우리는 한미FTA와 관련 더불어민주당이 과거 어떤 행태를 보였는지 잘 기억하고 있다.

이들은 노무현 정부 말기 한미FTA를 체결하겠다고 하고서는 정권이 바뀌자 돌변했다. 그 후 온갖 '말바꾸기'로 한미FTA를 반대했다.

2011년 통합진보당의 전신인 민주노동당 소속 김선동 의원은 본회의장에 최루탄을 터뜨렸다. 2012년 총선에서 현 더불어민주당의 전신인 민주통합당은 통합진보당과의 야권연대 1호 공약으로 '한미FTA 폐기'를 약속했다.

총선 직전, 한명숙 민주통합당 대표, 이정희 통합진보당 대표를 비롯한 지도부와 국회의원 50여 명은 미 대사관 맞은편인 서울 광화문 세종문화회관 앞에서 '한미FTA 발효 절차 중단 촉구대회 및 오바마 미국 대통령, 상·하원 의장 서한 발송' 기자회견을 개최했다.

이들의 격렬한 반대 활동은 이뿐만이 아니며, 이루 헤아릴 수가 없다. 돌이켜 보면 도대체 비이성적이라고까지 느껴지는 반국익적 행위의 근원이 무엇인지 의문이 들 정도이다.

한미FTA 개정 협상이 결국 시작된 마당에 정말 가장 먼저 드는 생각은 왜 더불어민주당이 광화문으로 몰려가지 않는가 하는 것이다.

잘됐다고 박수를 치거나 폐기하자고 선동하고 나서야 하는 것 아닌가?

'후안무치'한 그들이 무슨 말을 할지 그리고 어떻게 하는지 지켜보겠다.

2017. 10. 8.

북핵과 대북제재에 대한 국제사회의 공통 인식 심각하게 고려해야 한다

문재인 대통령의 대북제재 완화 속도에 프랑스 대통령이 제동을 건 사실을 주목한다.

최근 속속 공개되고 있는 북한과 미국 간 대화들 속에서, 대북 제재를 둘러싼 미국의 의지에 북한의 반발이 크다는 점도 부각되고 있다. 겉으로 보이는 '밀월'과 다른 것이다.

평양공동선언 이행을 위한 남북공동합의를 평가하는 국제사회의 시각도, 한국이 미국의 제재 기조에 '저항'하는 것처럼 해석되기도 한다.

이런 상황의 공통분모에는 결국 문재인 정부가 '뭔가 너무 앞서가고 있다'는 사실이 놓여있다.

우리는 북한 비핵화와 한반도의 항구적 평화를 위한 공감과 지혜를 얻는 문 대통령의 유럽 순방이 되기를 바란다고 밝힌 바 있다.

이런 점에서 문 대통령은 국제사회의 보편적 시각을 다시 한번 심각하게 참조하고 고려해야 할 것이다.

평양공동선언도 환영하며 그 이행을 위한 움직임을 활발히 하는 것도 좋지만, 북한 핵에 대한 UN 및 국제사회 공통의 인식과 대북제재 기조를 추월해서 과속을 하는 것은 부디 자제를 해주기를 바란다.

평화는 실질적이며 지속적인 노력으로 달성되는 것이지 성급한 마음만으로 다 되는 것이 아니다.

2018. 10. 17.

신고리5·6호기 공론 결과 책임 관련

신고리5·6호기 공론화위원회의 공론 활동 결과에 청와대는 아전인수식의 해석을 하고 있다.

탈원전 정책을 시민들이 선택했다는 식이다. 그래서 신고리5·6호기만 제외하고 예정대로 탈원전 계획을 추진하면 된다고 한다.

밥인가 죽인가 헷갈리는 제멋대로 해석이다.

문재인 정부는 탈원전 정책을 무리하게 추진함으로써 많은 문제를 낳았다.

이 책임을 어물쩍 넘어가는 것은 곤란하다.

애초 탈원전을 공론 활동의 대상으로 삼아 그 결과로서 정책을 결정하겠다는 것 자체가 바람직하지 않다는 지적이 컸다.

신고리5·6호기를 지목해 공사를 중단하고 본 것도 맞지 않았다.

탈원전의 과정은 신재생에너지 등 대체 에너지의 개발을 촉진하면서 얼마든지 순차적으로 해나갈 수 있는 것이었고 이것이 순리였다.

세계 최대 원전 수출국으로서의 위상도 그렇게 쉽게 무너뜨리고 추락시킬 게 아니었다.

그러나 문재인 정부는 탈원전이라는 어마어마한 사안을 취임하자마자 단 3개월 안에 공론 조사만으로 결정 지으려 했다.

누구도 이해하기 어려운 포퓰리즘적 발상이었고 '제왕적' 밀어붙이기였다. 말이 좋아 공론 조사였지 '답정너'였다.

문재인 정부는 공론 결과를 존중하는 것으로 정부가 마치 할 수 있는 것을 다 하고 있으며, 잘하고 있는 것처럼 태연해한다.

그러나 상황은 그렇지 않다.

폭주하던 기관차는 극적으로 제동이 걸렸고 그사이 손실은 너무나 큰, 그런 결과다.

심각한 '참사'이며 책임이 반드시 따라야 한다.

2017. 10. 21.

홍종학 후보자 우려 관련

홍종학 중소벤처기업부 장관 후보자에 대한 우려가 확산되고 있다.

'부의 대물림'을 격렬하게 비판하던 사람이 초등학생 자녀에게 할머니 소유 거액의 부동산을 '쪼개기' 증여한 사실에 국민들은 허탈하다.

증여세를 냈다는 해명에 '그 증여세는 누구 돈으로 냈냐'고 묻고 있다.

"현대자동차가 망하는 건 시간문제"라는 편향된 재벌관과 특정 지역 비하 발언도 논란이 되고 있다.

"대구 경제는 살아나지 않는다", "대구는 새누리당이 바뀌든지 해야 하는데 그럴 가능성이 없다", "대구 시민들이 바뀌든지 해야 하는데 그것도 어렵다"며 지역 비하 발언을 서슴지 않았다.

과거 저술에서는 그릇된 학벌주의와 물질주의, 삐뚤어진 '중소기업관'이 심각하다.

"행복은 물질적 풍요에 따르고 다시 물질적 풍요는 성적순으로 배분된다는 생각이다. 행복이 성적순이 아니라는 것은 하얀 거짓말"이라고 적었다.

중소벤처기업부를 맡기기에는 결정적으로 맞지 않은 인식도 많다.

"한국에서는 좋은 대학에 들어가지 못한다면 빌 게이츠가 될 수 없다"고 한다.

"명문대학을 나오지 않으면 중소기업으로 성공해도 근본적인 한계가 있다"며 "근본적인 소양이 없기" 때문이라고도 한다.

이런 이야기를 버젓이 한다는 것 자체가 참 충격적이다.

어떻게 이런 사람이 중소기업벤처기업부 장관이라는 중책을 맡을 수 있을까.

4차 산업혁명 시대를 맞아 중소기업이 혁신의 주체가 되어야 한다는 기대가 많다.

이런 낡은 사고와 그릇된 관점을 가진 사람이, 쓰나미같이 밀려오는 4차 산업혁명 시대에 중소기업을 어떻게 키워낼 수 있을지 한숨이 나온다.

블라인드 채용 등 학벌·스펙 타파가 문재인 정부 국정 기조인데 이에도 정면으로 반한다.

홍 후보는 이미 중소벤처기업에 관한 어떤 연관성도 찾기 어려웠다. 그런데 인식이나 관점까지 이렇게 문제가 많은 사람이니 참 우려스럽다.

2017. 10. 27.

촛불 1년

1년 전 국민이 촛불을 들며 바란 나라는 어떤 나라였을까 돌아보게 된다.

불편부당, '내로남불', 분열, 낡은 정쟁…. 이런 나라였을까.

문재인 정부는 촛불을 통해 탄생했다고 스스로 말한다.

국민들은 문재인 후보를 선택했지만 문재인 정부가 촛불을 독점하고 자신이 곧 촛불인 양 행동하라고 한 적은 없다.

촛불은 국민의 것이지 문재인 정부의 것이 아니다.

국민들은 문재인 대통령이 대한민국의 대통령이자 '대한민국 민주주의'의 대통령이기를 바라지 어느 한쪽의 이념, 어느 한 정파나 세력의 대통령으로 머무르기를 바라지 않는다.

필요한 개혁은 하되 국민을 통합하는 나라가 되기를 바란다.

그것이 촛불 1년을 맞는 국민의 바람일 것이다.

2017. 10. 27.

한국 대통령보다 북한을 더 잘 아는 미국 대통령?

트럼프 대통령의 국회 연설을 들으며 국민들은 문재인 대통령에게서 듣고 싶었던 이야기를 트럼프를 통해 들었다는 말을 한다.

혹은 나라를 걱정하는 사람들이 문재인 대통령에게 하고 싶은 이야기를 트럼프가 대신했다고도 한다.

무엇보다 돋보인 것은 트럼프 대통령의 북한에 대한 인식, 북핵 본질에 대해 정확하게 꿰뚫고 있다는 사실이었다.

또한 한반도에서 한국과 북한의 역사가 어떠했으며 어떤 의미를 지니는지 정확하고도 명확하게 설명해주었다.

6.25전쟁 당시 미군 36,000여 명이 전사했던 사실을 통해 한미 동맹은 '자유를 위한 동맹'임을 확인하고, 북핵으로부터 '자유'를 지키겠다고 했다.

"한국인들이 한반도에서 이룩한 것은 한국의 승리 그 이상이며, 인류의 정신을 믿는 모든 국가들에게 승리"라고 강조했다.

북한의 인권, 북한의 독재자가 북한 주민들을 억압하는 방식과 실상, 북핵의 본질 등에 대해 정확하게 알고 있었다.

북한의 기만적 협상 전술이 더 이상 통하지 않을 것이라는 점도 분명히 했다.

모든 해법은 사태의 본질을 정확히 아는 데서부터 시작한다. 그런 면에서 문재인 대통령은 늘 정반대에 있었다.

한반도를 사는 국민들이 대한민국 대통령보다 미국 대통령의 말을 듣고 더 시원해하고 더 안심스러워야 하나?

참 씁쓸한 대목이다.

2017. 11. 9.

12월 임시국회 관련

임시국회는 민생을 위한 마지막 기회다.

이 기회가 지나면 내년 지방선거까지 실질적으로 민생을 다룰 기회가 거의 없다.

지난 3개월 정기국회에서 처리된 법안이 46건이다. 초라한 성적표다.

국회에서 기다리는 법안은 7,600여건이나 된다.

국민 보기 부끄럽다.

바라기는 이번 임시회는, 국민 앞에 '4가지(사가지)가 있는 국회'가 되어야 한다.

민생이 있는 국회, 짬짜미 말고 협치가 있는 국회, 국민 앞에 내놓을 결과가 있는 국회,

오랜만에 밥값 하는 국회!

규제프리존특별법 등 혁신성장을 위한 중요 민생법안을 조속히 통과시켜야 한다.

우리 당 역시 민생법안과 내실 있는 임시회를 위해 최선을 다할 것이다.

방송법 개정, 국회법, 만 18세 선거권법 등의 통과를 위해서도 노력할 것이다.

2017. 12. 9.

‘위험의 외주화’ 막는 장치 더 이상 늦출 수 없다

다시 또 안타까운 청년의 죽음을 접한다.

35세 젊은이가 온수역에서 배수로 작업을 하다 열차에 치여 숨졌다.

타워크레인 사망 사고, 특성화고 이군의 사고 등 우리 가슴을 아리게 훑고 간 인재(人災)성 재해가 불과 며칠 전이다.

온수역 근로자도 외주 근로자였다.

가장 어렵고 위험한 작업 현장에서 안전을 지켜내지 못하는 현실이 잇따른 죽음들을 낳고 있다.

우리 기억 속에 지워지지 않는 구의역 사고도 외주 업체의 젊은 청년이었다.

‘위험의 외주화’, ‘죽음의 외주화’를 막는 제도적 장치를 더 이상 늦출 수 없다.

구의역 김 모 군 사건 후 우리 당 유승민 대표가 대표발의한 산업안전보건법을 비롯해 하청 업체 안전에 관해 원청 업체의 책임을 강화하는 법안들이 국회에 멈추어있다.

임시국회에서 조속히 처리되어야 한다.

2017. 12. 14.

‘이해 불가’만 남은 대통령의 외교

‘몸 낮춘 실리외교’라 하기에 얻은 것은 모호하고 잃은 것은 명확하다.

경제적 실리라는 것도 이미 ‘3불 논란’ 때 수준을 벗어나지 못했다.

'사드'는 질질 끌려다녔고 '북핵'은 되레 후퇴했다.

국빈인데 10끼 중 2끼만 상대가 있었다.

정부는 '만났다'는 의미를 애써 강조한다.

그러나 국민들의 뇌리에는 다른 게 남았다.

'언론'이 폭행을 당해도 지켜주기는 고사하고 항의도 못 하는 대통령,

그리고 "높은 산봉우리", "작은 나라"라는 '이조시대'를 연상시키는 말 등이다.

'굴욕 외교', '외교 참사'라고 넘기기에는 이상한 게 너무 많다.

'이해 불가' 외교의 이유를 밝혀야 하는 책임만 대통령에게 남았다.

2017. 12. 16.

제천 참사, 고개를 들 수가 없다

제천 화재 참사에 정부와 국회, 정치권은 대오 각성해야 한다.

참으로 분통이 터진다.

이거라도 제대로 점검했으면, 이거라도 사전에 조치를 취했으면 이렇게 많은 사람들이 희생되지는 않았을 텐데 하는 것이 한두 가지가 아니다.

속속들이 밝혀지는 관계 당국의 부실한 관리와 점검이, 어떻게 이럴 수 있는지 이해할 수 없다.

타워크레인 사고는 대책을 수립하고도 끊이지 않고 낚싯배 전복 사고는 세월호 참사 후 도대체 무얼 했나 의문이 들게 했다.

제천 참사는 도대체 이 나라가 '안전한 대한민국', '나라다운 나라'로 가고 있는 게 맞기나 한가 싶은 총체적인 물음을 던진다.

그런데 여전히, 책임 있는 정부는 보이지 않는다. 대통령 목소리에 울음이 묻어난다 했다가 연차 휴가 소진한다는 이야기나 하고 있을 때인지 황당하기까지 하다.

이 정부도 집권 8개월이 되었으면 '내 가슴을 칠' 줄도 좀 알아야 하지 않나.

언제까지 과거에 기댄 헛구호만 국민들이 듣고 있어야 하나.

이미 통과시켰어야 할 소방관련법이 잠자고 있다는데 국회는 바로 그제 임시국회 문을 '꽝' 닫아버렸다.

누구 처벌하려는 것 아니라는 유족의 말씀에 가슴이 더 미어진다.

고개를 들 수가 없다.

2017. 12. 24.

'임종석 의혹', '불통 정부' 넘어 '먹통 정부' 되려는가

청와대가 임종석 비서실장의 UAE 방문 의혹에 관해 더 이상 대꾸하지 않기로 방침을 세웠다 한다. 시민단체가 정보공개를 청구하자 나온 대응이다.

그동안 석연찮은 해명이 무려 5차례나 바뀌어 왔다. '미스터리'를 만든 것은 청와대다.

이제는 임 실장 이전에 UAE를 방문했던 송영무 국방부 장관의 체류 일정과 당시 동행 인사에 대한 의혹으로까지 확대되고 있다.

청와대가 왜 뭔가를 숨기는 듯한 태도로 일관하는지 국민들은 도무지 이해할 수 없다.

의혹이 씻기지 않고 있는데 정부의 태도가 이런 식이라면 결국 국정조사를 통해 진실을 밝힐 수밖에 없을 것이다.

국민들이 정말 알고 싶은 것은 회피하고 뭉개고 가는 정부가 과연 '소통' 정부인가?

'불통 정부'를 넘어 '먹통 정부'가 되기 전에 청와대는 진실되게 나서야 한다.

2017. 12. 29.

'올해의 균형자' 망신 말고, 2018년 안보 지키는 대통령 되어 달라

"올해의 균형자"로 대통령이 망신이다.

풍자를 칭찬인 줄 거꾸로 해석해 자랑하였으니, 하고 보니 얼굴이 화끈하다.

돌이켜보면 2017년, 균형자는 고사하고 '방관자'로 오해되지 않으면 다행이다.

한반도 문제의 '운전대'를 잡겠다더니, '뒷좌석'은 고사하고 어느 쪽으로도 환영받지 못하는 '승차 거부' 신세 아닌가.

소통이 '쇼통'이 되고 의욕이 '욕심'이 되어, '이니특별전'은 정신 나간 '홈쇼핑'을 제작하고 '페북라이브'는 아전인수 '입맛해석'에 해외 망신이다.

낭중지추(囊中之錐)라 했다. 대통령이 잘하면 쇼도 필요 없을 것이다.

2018년, 부디 안보 지키는 대통령 되어 주기 바란다.

2017. 12. 30.

이 정부는 오로지 단속 아니면 국민을 '범죄자' 취급인가

정부가 가상통화거래소를 폐쇄하고 관련 특별법 제정을 추진한다고 발표했다.

가상통화가 과열되어 대책은 필요하지만 투기 도박성으로만 접근해서 극단적 조치로 나아가는 것은 맞지 않다.

같은 날 김동연 부총리는 부동산 관련 자금출처 조사를 하겠다고 한다. 부동산 과열에 최고수준의 단속을 실시하겠다는 엄포다.

며칠 전에는 최저임금 인상으로 제품 가격을 올리면 담합 조사를 하겠다는 으름장을 놓았다.

가상화폐를 산 사람이나 부동산을 산 사람이나 가격을 올리는 업체나 다 범죄자 취급이다.

이 정부가 현실에 맞지 않는 정책을 너무나 많이 남발하고 있다.

부작용은 필연이다. 그리고 그다음 수순은 이제 뻔하다. 실패에 대한 반성이나 조정은 없다.

이 정부는 오로지 단속 아니면 국민을 범죄자 취급하는 것밖에 없는가.

이제 서민들조차 점점 나라를 무서워하기 시작했다. 어제 대통령의 신년사 슬로건은 "내 삶이 나아지는 나라"였다.

2018. 1. 12.

가상화폐 '사후약방문', 여전히 정부 책임 무겁다

가상화폐 '사후약방문'이 나왔지만 정부의 책임은 무겁다.

내용도 새로울 게 없이 결국 도돌이표로 돌아갔다.

그나마 냉정을 찾아 다행이라 하기에 서민들의 피해액이 너무 크다.

박상기 법무장관의 거래소 폐쇄 발언에 4시간 만에 119조가 공중에서 사라졌다.

예견되는 급락, 엄청난 피해가 불을 보듯 뻔한 데도 아무렇지 않게 무릅썼다는 게 지금도 믿기지 않는다.

청와대 국민청원 게시판에서는 "정부는 국민들에게 단 한 번이라도 행복한 꿈을 꾸게 해본 적 있습니까?"라고 물었다.

가상화폐 투자자의 60%에 달한다는 20~30대의 절규다.

정부는 자기반성부터 해야 한다. 정책 실패에 대한 책임을 어떻게 질 건지부터 대답해야 한다.

2018. 1. 15.

우리 팀을 더 이상 모욕하지 마라

이낙연 총리의 망언에 이어 청와대 고위관계자의 폄훼 발언이 많은 실망을 주고 있다.

"남북 단일팀을 구성하는 문제가 아니었다면 그 누구도 아이스하키팀에 주목하지 않았을 것이다. 100%다"라고 했다는 것이다.

총리의 망언을 정말 반성한 것인지 아니면 시늉만 한 것인지 듣는 귀를 의심한다.

대표팀에게 사죄하라는 말도 다시 해봐야 소용없을 것 같다.

귀한 우리 딸들, 우리 팀을 부디 더 이상 모욕하지 마라.

화난 국민들이 '반사하고' 있다.

"박근혜 정부의 탄핵이 아니었다면 그 누구도 주목하지 않았을 것이다. 100%다."

한 표 준 게 후회스럽다는 국민들의 분통이 들리지 않는가.

2018. 1. 19.

마식령스키장은 인권탄압 '상징물'이다. 국가인권위원회가 지적해야 한다

인권탄압 '상징물'에 가서 남북의 화해와 평화를 외친다는 건 '몰염치'이자 '반인권'이다.

마식령스키장은 2013년 김정은이 권력자로 등장한 직후 자신의 체제 선전을 위해 '속도전'으로 지은 것이다. 9개월 만에 리조트 공사를 마쳐 '마식령 속도전'이라는 말이 생겼다.

왕조 시대의 상징물을 짓듯 주민들을 투입하였다. 충격적인 것은 9세에서 11세의 어린이들까지 추운 겨울 강제 노역에 동원하였다는 사실이다.

정부는 평화올림픽 구상의 일환이라고 했다.

어린이들까지 속도전의 희생양이 된 인권탄압 상징물에 가서 평화올림픽을 외치겠다는 것인가.

오히려 가장 큰 오점이 될 것이다. 재고해야 한다.

당초 우리 정부가 먼저 제안하였다는 것도 기가 막히다.

우리나라 국가인권위원회가 정상이라면 이런 점을 지적하고 나서야 한다.

2018. 1. 19.

청맹과니 여당 정책위의장, '쪽지 청탁' 해명하라

더불어민주당 김태년 정책위의장이 야당 대표들을 향해 '청맹과니'라 지칭했다.

진짜 청맹과니는 야당의 비유와 비판을 바르게 읽지 못하는, 아니 들으려 하지 않는 여당이다.

그런데 이 여당 정책위의장이 별안간 '쪽지 청탁' 파문의 주인공이 됐다.

바로 직전 개최된 당·정협의 회의에서, 김 의장은 김영주 장관에게 "○○ ○○○ 문제 삼지 말아 주세요! 김태년 사업"이라는 쪽지를 건넸다.

이게 왠 '시추에이션'인가.

김 의장은 도대체 무슨 정신으로 당·정협의 온 장관에게 이런 청탁성 쪽지를 버젓이 건넬 수 있는 건지, 참으로 믿을 수 없는 장면이다.

앞뒤 분간 못 하는 진정한 청맹과니가 아닌가.

김 의장은 불문곡직 자신의 청탁성 쪽지부터 당장 해명하라.

2018. 1. 22.

2040의 지지율 하락 이유, 문재인 대통령 제대로 알아야

문재인 대통령의 지지율이 계속 내림세다. '2040의 이반'이 크다.

이걸 만회한다고 이제야 청년 고용 문제에 신경 쓴다 한다.

문 대통령은 신년사에서 청년 실업 문제를 '인구 구조' 탓으로 돌렸다.

실업이 청년 인구가 늘어나서라며 인구가 줄면 줄어들 거라 하는 게, 대명천지 대통령이 할 말인가?

2040에게 왜 지지율이 급락했는지 문 대통령은 정직하게 돌아봐야 한다.

청년들 사이에 퍼지고 있는 '불공정'에 대한 분노가 쌓여 가기 때문이다.

'맞춤형 공무원시험'으로 기회의 사다리를 걷어차고, 정부가 졸지에 '작전세력'이 되어 유일한 '단꿈'을 깨버리고, '역사의 명장면' 운운하며 개인의 피땀을 깔아뭉개는,

불의와 전체주의의 일그러진 얼굴에서, 정의에 민감한 젊은이들이 절망하고 있기 때문이다.

문 대통령은 일자리 상황판을 돌리는 '쇼'가 아니라 자신의 정치 철학부터 성찰해야 한다.

기회는 평등하고 과정은 공정하며 결과는 정의로울 것이란 말, 그것이 '촛불'이란 말.

2040 청년들이 허탈하게 웃고 있다.

2018. 1. 22.

태영호 전 공사 활동 제약 경위를 밝히라

태영호 전 영국 주재 북한 공사 등 탈북 인사에게 평창올림픽 기간 공개 활동 자제를 권고했다는 보도에 대해 정부는 경위를 밝혀야 한다.

보도가 사실이라면 이는 심각한 문제다.

정부는 어느 부서에서 어떻게 이런 방침을 세우고 진행하였는지 진상조사를 하고 책임도 따져야 한다.

고인이 된 황장엽 전 비서는 김대중-노무현 정부 기간 많은 활동의 제약을 받았다. 황 전 비서는 이 점을 참으로 개탄해했다.

결국 문재인 정부는 태 전 공사마저 제2의 황 전 비서처럼 만들려 하는 것이다.

북한의 자유와 통일을 위해 탈북자들을 잘 활용하기만 해도 그 어떤 무기보다 강력할 것이라 한다.

그런데 이 정부는 정반대로 가고 있다.

최근 각종 보도 통제가 도대체 이 정부가 민주 사회의 정부인지 전체주의 사회의 정부인지 헷갈리게 한다는 원성이 크다.

탈북자마저 입을 막는 의도가 도대체 무엇인지 밝혀야 할 것이다.

이런 행태 앞에서, '1987' 영화를 보고 눈물 짓는 대통령의 모습은 이율배반 그 자체다.

2018. 1. 24.

'종로 여관 화재' 참변 재발 막기 위해, 가난한 이들의 주거에 관심이 절실하다

종로 여관 화재로 유명을 달리한 희생자들의 장례식이 이어지고 있다.

6명이 숨지고 4명이 다친 종로 여관 화재 참변은 우리 사회에 많은 고민을 던진다.

'달방'을 사는 사람들, 가장 싼 숙박비를 위해 하룻밤 잠을 청한 사람들의 속사연은 진정 가슴을 아프게 한다.

희생자들은 하루하루 어렵지만 성실하게 살아가는 참된 서민들이었다.

이들은 희망을 품고 억척같은 삶을 살면서도, 결국 '안전의 사각지대' 조차 벗어나지 못했다.

우리는 다시 한번 우리 사회의 '복지 구조'를 점검해야 한다.

결국 가난한 이들이 등을 기댈 곳을 미처 챙기지 못한 책임이 바로 우리 자신에게 있지 않은지 돌아보아야 한다.

차제에 고시원, 원룸은 물론 쪽방과 달방, 소규모 싼 여관 등 눈을 돌리지 못한 곳의 안전에 대한 관심이 절실하다.

그렇다고 점검을 위한 점검이나 퇴출을 위한 점검이 아닌, 그런 가난한 서민들의 주거 공간이 최대한 안전을 확보할 수 있도록 정부 차원의 지원도 고민되어야 할 것이다.

다시는 이런 참변이 되풀이되어서는 안 된다.

2018. 1. 22.

대한민국 민주화와 '언론 자유' 시계를 '1987' 이전으로 되돌린 문재인 정부의 방송 장악 완료

민주노총 산하 전국언론노조 KBS지부가 파업을 풀고 복귀하자마자 '비상대책위'를 설어, '적폐간부'의 지시를 따르지 말라는 지침을 냈다 한다.

마치 '혁명군'의 입성 같다.

이인호 이사장이 지적하듯 국민들은 KBS가 과격한 언론노조의 자유무대가 된 것에 우려를 한다.

이인호 이사장은 스스로 사퇴하며 문재인 정부의 KBS 장악 과정을 '법치의 농단'과 '언론 자유의 유린'으로 규정했다.

막을 힘이 없었던 데 대해 미안하다며, 주인은 국민이며 사원들임을 일깨운다고 밝혔다.

KBS와 MBC는 결국 '권력'의 힘으로 교체가 되었다. 민주주의 사회에서 있을 수 없는 일이다. 군사정부가 방송을 장악하는 것과 결과적으로 다른 게 없었다. 노조 파업 141일, 4개월 반이 걸렸다.

1987년 민주화 이후 30년이다. 문재인 정부의 무지막지한 방송 장악 과정은 대한민국 시계를 '1987' 이전으로 되돌렸다.

정치권력과 과격노조에 장악된 공영방송들은 이제 많은 변화가 있을 것이다. 그러나 '언론 자유' 시계가 거꾸로 돌아간 그 사실만큼은 영원히 지워지지 않을 것이다.

2018. 1. 25.

밀양 화재 참사, 사고 수습 최선을 다하고 원인 철저히 규명해야 한다

밀양 세종병원 화재 참사로 37명이 사망하고 143명이 부상했다.

불의의 사고로 유명을 달리하신 희생자들에 깊은 애도를 표한다.

부상자들의 빠른 쾌유를 빌며, 더 이상의 사망자가 발생하지 않도록 관계기관과 의료진 여러분들께서도 최선을 다해주시기를 당부한다.

피해자 및 유가족들에 대한 대책에도 만전을 기해야 한다.

또한, 사고 경위에 대한 철저한 원인 규명이 이루어져야 한다.

제천 화재 참사의 충격이 불과 한 달여 전인데 똑같은 사고가 되풀이 되었다.

왜 이런 참사가 발생한 건지 직간접적인 원인을 모두 조사하여 일일이 그 문제점을 밝히고 신속히 대책을 세워야 한다.

병원 시설임에도 스프링클러 설치 의무가 부과되지 않았다는 사실은 참으로 이해할 수가 없다.

문재인 정부는 '안전 대한민국'을 내걸고 출범하였음에도 불구하고 잇따른 대형 참사를 막지 못하고 있다. 정부는 무한 책임의 자세로 임해야 할 것이다.

2018. 1. 26.

급기야 '총선때보자', 가볍지 않다

급기야 '총선때보자'가 검색어 1위로 올라왔다.

국민들의 욕구를 못 따라가는 아마추어 정책이 가져온 분노이다.

'고마워요 문재인', '사랑해요 김정숙'에 취해 있다가 화들짝 놀랐을지 모르겠다.

정치적 움직임이 이렇게 표출되는 것 간단히 볼 일이 아니다.

설마 '총선이 2년 넘게 남았다'고 할 요량이면 큰 착각이다.

이를 비단 가상화폐 투자자들의 민심으로만 치환해서도 역시 오산이다.

일일이 거론할 필요도 없는 총체적 난국이다.

이해할 수 없는 수많은 '불공정'이 쌓이고 있다.

어떤 임계점은 아닌가.

급기야 '총선때보자'는 구호가 검색어 1위에 오르는 현실이다.

이 기회에 직시해야 한다.

2018. 1. 30.

문재인 대통령은 '북한 인권' 위해 무얼 다짐했나?

문재인 대통령과 트럼프 대통령의 통화 내용에서 우리 측 발표에는 '북한 인권 관련 내용'이 빠진 이유가 궁금하다.

그만큼 중요하지 않다고 생각한 것인가?

문재인 대통령이 말한 '기적 같은 대화의 기회'보다, 국민들은 이지성 씨의 '목발'에서 '북한 인권'이라는 '기적 같은 일'이 정말 일어나기를 더

염원한다.

미국 측 발표 내용은, 문재인 대통령이 트럼프 대통령과 북한 인권 증진을 위한 협력을 다짐했다 한다.

진정 그렇다면 지성호 씨를 청와대로 초청해 그의 이야기에 귀를 대 보는 건 어떤가.

여당의 반대로 북한인권법이 통과되는 데 11년이 걸렸다. 북한인권재단은 기약이 없다.

북한에 김정은만 살고 있는 것이 아니다.

'인권변호사' 출신이라는 문재인 대통령은 가슴에 손을 얹어보시라.

2018. 2. 3.

갈 길 바쁘다고 과속하자는 건가

문재인 대통령은 갈 길 바쁘다고 과속을 해서는 안 된다.

개헌은 국민적 합의를 바탕으로 해야 한다. 그래야 국회의 합의를 이끌어낼 수 있다.

국회 2/3 동의라는 전제조건을 충족해야 하는데 이런 기본적인 고려조차 있는 건지 의문이다.

그나마 국회 논의가 이루어지고 있는 상황에 대통령이 되려 '초를 칠까' 걱정이다.

대통령은 '개헌 운전석'마저 탐내려기보다 국회 존중을 앞세우기 바란다.

공을 들이지 않고 얻으려는 것은 과욕이자 정직하지 못한 처사다.

그동안의 늑장은 어쩌고, 이제 와 '속도위반'이라도 하자는 건가.

2018. 2. 5.

더 이상 국민에게 일방적 '역사 전쟁'을 강요하지 마라

문재인 정부는 '과거 정부'답다.

과거를 파헤치는 데 집중하다 못해 역사교과서마저 '과거 교과서'로 되돌렸다.

이미 국민들부터 퇴출된 '외눈박이' 과거 교과서로 기어이 되돌아가야 하겠는가.

편향된 외눈박이 역사교과서에 우리 청소년들, 우리 대한민국의 '미래'를 맡길 수는 없음은 정권이 바뀌어도 자명하다.

이제 국민들에게 더 이상의 일방적 '역사 전쟁'을 강요해서는 안 된다.

정권 바뀌었으니 역사교과서도 다 '제 맛대로' 되돌리겠다는 것은, 결국 '국정교과서 논쟁'을 형식만 바꾼 채 다시 되풀이하는 것밖에 안 된다.

집필 기준 개발자 46명의 명단을 밝힐 수 없다는 등 보이는 행태가, 완전히 역사교과서 판 '내로남불'이다.

당장 중단해야 한다.

2018. 2. 6.

국회를 보면 '동파'할 지경이다

거대 여당과 제1야당의 국회 파탄, 민생 외면에 국민들 심정은 '동파' 직전이다.

지난 밀양 화재 참사 후 빗발치는 여론의 비난에 국회가 법안 통과의 방망이를 두드린 것은 잠시 잠깐의 요식 행위였나 묻고 싶다.

국민의 삶은 365일이 고단한데 일하는 국회는 '어쩌다 하루' 꼴인가.

제발 정부 여당은 '여당다운' 책임감을 갖고 제1야당도 '발목 야당'이 되지 말자.

얼토당토않은 힘겨루기와 기득권 쟁탈로 문을 닫을 거면 처음부터 괜히 일하는 척 문을 열지나 말라.

겨울 한파에 움츠리는 민심이 국회를 쳐다보면 정말이지 속이 터져 동파할 지경이다.

2018. 2. 8.

또렷이 기억해야 한다

청와대가 '백두혈통'이 온다고 흥분할 때 북한은 세계를 향해 무력시위를 전개했다.

대륙간탄도탄인 화성—14·15는 물론 저고도 비행 북극성—2형까지 각종 신형미사일들이 화려하게 TV 화면을 채우는 동안,

문재인 대통령은 미국의 펜스 부통령을 앞에 두고 '북한이 대화에 상당히 진지한 변화가 있는 것 같다'고 역설하고 있었다.

통일부 장관이 '봉건시대의 공주(김여정)'를 마중 나가 "귀한 분이 오셔서 날씨도 따뜻하다"고 너스레를 떠는 동안, 웜비어 부친은 지성호 씨와 깊은 포옹을 하고, 46용사의 천안함 기념관을 찾아 추모하였다. 또, 펜스 부통령은 탈북자들의 이야기를 듣고 "자유를 위한 싸움을 같이 하고 있다"고 했다.

한반도에서 펼쳐지고 있는 이런 상반된 장면들은 우리를 무척 혼란스

럽게 한다.

'기괴한 장면'이라는 생각에 문득 소름이 돋기도 한다.

주객이 전도되고 피아가 흐려져도 정의와 불의까지 뒤집힐 수는 없는 법이다.

거꾸로 가는 이 현실을, 우리는 또렷이 기억해야 한다.

2018. 2. 9.

이재정 의원과 정현백 장관은 진실된 모습 보이라

이재정 의원과 정현백 장관은 제기된 의혹에 대해 그저 피해 가려 해서는 안 된다.

이재정 의원의 침묵은 매사 '당돌하던' 평소의 모습에 비추어 참 '비겁해' 보인다.

정현백 장관의 '대응 않겠다'는 대꾸는 스스로 위선을 고백하는 것이다.

'현명한 선택을 하라'고 한 게 사실이라면 이재정 의원은 솔직히 부끄럽다 고백하고 당사자에게 사과해야 한다.

'학교 망신이니까 덮고 가자'고 한 게 사실이라면 정현백 장관은 도의상 여성가족부 장관을 사퇴함이 마땅할 것이다.

조금의 면책이라도 받으려면, 이재정 의원과 정현백 장관은 진실된 모습을 보여야 한다.

진실은, 상대방만이 아닌 자신에게도 들이대는 것이다.

또한 두 사람이 그런 모습을 보일 때 우리 사회의 '미투' 운동도 더욱 크게 번져나갈 수 있을 것이다.

2018. 2. 12.

양승동 KBS 사장 후보자, 자격 없다

양승동 KBS 사장 후보자에 대한 국회 인사청문회를 지켜본 국민들은 양 후보자가, 세월호 침몰 당일 노래방 법인카드 사용 거짓 자료 제출 등 자격이 없음을 확인했다.

군복무 중 장기입원, 사내 성폭행 사건 은폐·축소, 논문 표절 등 이미 많은 의혹이 제기된 가운데, 최근 국민의 공분을 산 '추적 60분', '천안함 괴담 방송'을 두고는 '합리적 의혹 제기', '국민의 알권리'라고 두둔해 나섰다.

더욱이 세월호 침몰 당일 노래방에서 법인카드를 사용한 내역을 숨긴 거짓 자료를 제출한 사실도 드러났다.

명색이 대한민국 대표 공영방송의 사장으로 자격이 있다고 생각할 국민이 있겠는가.

이런 인물을 내세우자고 문재인 정부와 여당은 노골적 방송 장악에, 자신의 야당 시절 발의 법안인 방송법 개정을 헌신짝처럼 팽개친 것인지 다시 한번 개탄하지 않을 수 없다.

양승동 KBS 사장 후보자는 당장 철회되어야 한다.

2018. 3. 31.

문재인 대통령은 김기식 원장의 임명을 철회하라

김기식 원장에 대한 의혹이 까면 깔수록 태산이다. 뇌물죄 의혹까지 제기될 정도로 심각하다.

금융감독원장이라는 막중한 자리를 생각하면 더더욱 용납하기 어렵다.

그런데 김기식 신임 금융감독원장은 침묵으로 일관하고 있다. 문재인 대통령은 당장 임명을 철회해야 할 것이다.

어제 문 대통령은 '노래방 법인카드'라는 별칭이 붙은 사람을 KBS의 수장으로 기어이 앉혔다. 이번에는 '피감기관 돈으로 여비서 동반 외유를 했다'는 야유를 듣고 있는 금융감독원장을 계속 비호할 텐가.

우리 국민들의 실망은 바로 그 이중성에 있다.

김기식 원장은 참여연대 출신으로 재벌 대기업을 비판하는 데 앞장섰고 국회의원이 되어서는 '정무위 저승사자'로 불렸다 한다.

이런 사람이 '앞으로는 치고 뒤로는 받는', '이중인격자'였다는 사실에 참으로 충격을 금할 수 없다.

겉으로는 정의로운 척했지만 속으로는 생선을 노리는 도둑고양이에 불과했지 않은가.

문재인 정부가 더 이상 국민을 실망시키지 않기를 바란다.

2018. 4. 7.

한미연구소장 교체 압력설, 낱낱이 밝혀야 한다

한미연구소(USKI)에 대한 예산 지원을 중단키로 결정하는 과정에 청와대가 개입한 정황은 세계적 망신이다.

한·미 관계 싱크탱크인 존스홉킨스대 한미연구소는 '38노스' 등 독보적인 학문적 업적을 자랑하고 있다.

'생각이 다르다'고 연구소장을 자르라고 압력을 행사한 한국 정부의 행태는 학문을 선도하는 선진국에서는 상상조차 할 수 없다.

청와대는 부랴부랴 '압력설'을 부인하고 나오는데 이미 드러난 정황만으로 이를 믿는 국민은 없다.

공교롭게도 청와대는 국민적 지탄의 대상이 된 김기식 금융감독원장은 기어이 감싸고 나왔다. 국민들은 김기식 원장이 '금융감독'을 빙자해 '세계 여행'을 완주할 것이라는 조롱과 풍자를 쏟아내고 있다.

이런 청와대가 정치적 견해로 학문적 업적을 평가하며, 소장을 자르지 않는다고 예산을 잘라버리는 망국적 행태를 세계를 향해 펼치고 있으니 참으로 기가 막힌다.

북한의 동태를 가장 예리하게 관찰하는 한미연구소장은 자르고, 피감기관의 생선은 귀신같이 낚아채는 '도둑고양이'는 살리는 게 청와대의 인사관(人事觀)인가.

낱낱이 밝혀야 한다.

2018. 4. 8.

차라리 '개헌 안 하겠다'는 고백이 낫겠다

청와대가 개헌과 관련 두 번에 나눠서 하자는 이야기를 한 것은 결국 개헌 의사가 없음을 고백한 꼴이다.

이번 개헌의 핵심 중에 핵심은 제왕적 권력 구조를 바꾸는 것이다.

권력 구조 개편이나 권력 기관 개편 등 첨예한 사안을 건드리지 않겠다는 것은 제왕적 권력의 '단맛'을 포기하지 않겠다는 속내가 아니고 무엇인가.

일일이 거론할 것도 없이 청와대는 개헌을 대하는 태도에서부터 제왕적 권력의 문제점을 여실히 보여주었다.

정부 여당은 그 많은 시간 동안 개헌 현안을 '뒷방'에 방치하더니 시한에 임박해 일방적인 개헌안을 내놓고 밀어붙이려 했다.

개헌의 주체가 국회가 되어야 함은 필연적 이치인데 이를 철저히 무시한 것부터가 정말 개헌을 할 생각이 있는 것인지 의심케 했다.

청와대는 국민들을 속이고 '앙꼬 없는 찐빵'을 '성찬'인 양 차려놓으려 하는가.

아니면 한 번도 모자라 두 번에 걸친 개헌 '쇼'로 재미를 보려 하는가.

이제라도 청와대는 개헌에 대한 바람직한 태도를 보이고 국회를 존중하기 바란다.

2018. 4. 8.

'드루킹 게이트' 경찰의 수사 축소 기도를 강력히 경고한다

김경수 의원의 보좌관과 '드루킹' 간의 수상한 금전 관계를 김경수 의원이 뒤늦게 알았다고 한다.

이 마당에 누가 믿겠나.

뒤늦게라도 경남도지사 출마를 사퇴하고 진실을 고변함이 어떤가.

이로써 김경수 의원과 그 주변에 대한 즉각적인 압수수색 필요성만 더 커졌다.

드루킹 체포 후 지난 한 달 더 멀리는 몇 달 동안 증거가 얼마나 사라졌을지 눈에 선하다.

'드루킹 게이트'의 핵심은 '문재인 캠프'가 민주주의를 유린하며 사조직을 이용하였느냐이다.

그 고리에 김경수 의원이 있다.

그런데 경찰은 도대체 무엇을 주저하는가.

일일이 거론할 것도 없이, 국민들의 여론이 들끓는 데도 경찰이 수사를 축소하고 있는 정황이 계속 나오고 있다.

경찰에 경고한다.

수사 범위를 한정하고 좁히려는 시도를 당장 중단하고 상식에 맞는 광범위한 수사를 신속히 진행하라. 그렇지 않으면 사건 축소 은폐 가담자로 조사 대상이 될 수 있음을 명심해야 할 것이다.

이제 국민들은 김경수 의원의 꼬리에 꼬리를 문 거짓말성 변명이 도대체 어디까지 갈지 궁금하다.

경찰은 김경수 의원의 '꼬봉'이 아니라면 김경수 의원의 꼬리를 좇아가는 수사를 당장 중단해야 할 것이다.

2018. 4. 21.

'인기 놀이'가 아니라 겸손이 필요하다

청와대 '이니 굿즈' 디자인의 외국 식당 메뉴판 표절 사태는 대통령의 '인기 놀이'가 부른 국가 망신이라는 게 국민들 생각이다.

지율에 취해 '이니 하고 싶은 거 다 한' 결과가 고작 '메뉴판 표절'인가.

1주년을 기념해 기념품을 41종이나 만들어 낸 청와대의 발상에 국민들은 대통령이 '연예인'인지 대통령인지 구분이 안 된다.

'이니'는 대통령을 지지하는 사람들끼리 쓰는 말로 국민 대다수가 수용하는 언어라고 하기도 어렵다.

이런 이니셜을 붙여 대통령의 취임 1주년을 맞아 '이니 굿즈'라는 걸 국민의 세금으로 만들 생각을 하는 청와대를 보며 국민들은 고개가 갸웃한다.

취임 1년에 국민들이 마주한 것은 청년실업률과 물가상승률, 수출 저하 등 최악으로 치닫는 각종 경제 지표다.

정치가 국민의 마음을 통합하고 있는지도 큰 의문이다.

이제 그만 겸손하고 경제에 신경 쓰라는 국민의 소리를 들어야 한다.

취임 1주년의 잔치보다 임기 말에 '이니 하고 싶은' 기념품 만들어도 비판받지 않는 정권이 되기를 부디 바란다.

2018. 5. 5.

'면죄부 특검' 우려가 크다

'드루킹 특검'의 '면죄부 특검'에 대한 우려가 크다.

급기야 김경수 경남도지사가 특검을 향해 큰소리를 치는 그림을 국민들은 전혀 상상하지 못했다.

드루킹 사건의 은폐 축소 기도와 권한 남용의 의심을 받는 청와대 라인의 '쪽문'에 불과한 백원우 비서관을, 특검 기간 만료 열흘에 이르러서야 부르니 마니 하는 그림도 완전히 거꾸로 된 풍경이다.

특검이 한 것은, 드루킹을 비롯해 한낱 '종범'에 불과한 '행동대원'들을 줄줄이 구속하고 '경공모' 회원 수십 명을 입건하는 등 '드루킹 그룹'을 잡도리한 게 다인가.

'경인선'을 콕 집어 찾아갔던 대통령의 영부인은 무엇이고, 김경수 지사의 셀 수 없는 말 바꾸기와 거짓말은 어디로 간 것인지 참으로 당황스럽다.

그들끼리 주고받은 숱한 비밀 메신저와 대선 문건들과 심지어 돈까지, 그것들은 다 무엇이었는지 아직도 알 수 없다.

특검은 알아야 한다.

특검이 과연 무엇을 특검한 것인지 국민들은 근본적인 질문을 던지고 있다.

도대체 어떻게 대답할 것인가.

2018. 8. 13.

이해찬 후보를 보니 여당의 오만이 보인다

더불어민주당 이해찬 당대표 후보가 김경수 경남도지사를 신뢰한다며 특검이 제출한 김경수 전 지사에 대한 구속영장이 법원에서 당연히 기각될 것이라고 말했다.

명색이 여당의 당대표가 되겠다고 나온 분으로서 참으로 가벼운 처신이다.

특검을 겁박하다 못해 법원의 판결까지 단정하는 것은 사리에도 맞지 않을 뿐 아니라 오만이 하늘을 찌르는 태도가 아닌가.

김경수 지사 구속영장 청구에 더불어민주당이 보이는 반응의 일색은

'적반하장도 유분수'다.

'영장청구쇼'니 '촛불국민의 심판'이니 '최악의 정치 특검'이니 하는 말들이 과연 당사자들이 할 말인가 싶다.

이만큼 물의를 일으켰으면 국민들에게 최소한 죄송한 척이라도 해야 하는 것 아닌가.

오히려 국민들은 드루킹 특검이 '면죄부 특검'이 되는 것이 아닌지 더 우려하고 더 불신하고 있다.

사건 은폐 의혹을 받고 있는 백원우 비서관을 6시간 신문하고 돌려보냈다는 것도 국민들은 납득을 못 한다.

울고 싶은 사람은 따로 있는데 방귀 뀐 놈이 더 성을 내고 있으니, 국민들은 울어야 할지 웃어야 할지 기가 막힐 뿐이다.

2018. 8. 16.

눈멀고 귀먼 정부의 어두운 터널

더불어민주당 전당대회에서 밝힌 문재인 대통령의 축사는 큰 실망을 준다.

"우리는 올바른 정책 기조로 가고 있다"고 "자신 있게 말한다"고 했다.

최근 고용 쇼크와 양극화 쇼크 등 드러나는 수치들에 국민들은 경악을 금치 못하고 있다.

책임 있는 정부라면 당연히 반성과 변화가 따라야 한다. 최소한 겸허히 듣는 자세라도 가져야 한다.

국민들은 물론 야당들이 정부의 정책 변화를 촉구하였지만 결국 대통령은 옹고집과 아집의 수렁에 자신의 몸을 담그겠다는 의지를 밝힌 것이다.

한 가지 분명해진 것은 대통령을 둘러싼 참모진의 탓이 아니라 결국 대통령의 탓이라는 깨달음이다.

대통령의 인식이 이러한데 누가 바른 소리를 하겠는가.

아무리 지지자들을 결속하기 위한 말이라고는 하나 국민들의 눈에는 눈멀고 귀먼 정부의 어두운 터널로 이 정부도 가고 있다는 개탄스러운 사실뿐이다.

2018. 8. 25.

통계청장 해임 관련

'수치에 갇히는 우에 절대 갇혀서는 안 된다'고 청와대와 여당이 이구동성으로 '아우성'이더니 통계청장을 전격 해임한 '웃픈 일'이 벌어졌다.

무지막지한 독단과 전횡에 국민들은 '어이 상실'이다.

국민들의 고통을 정권의 아우성이 압도하는 비정상의 현실이다.

대통령이 국민과 맞서겠다고 밝힌 지 하루 만이다.

통계청장을 자른다고 통계가 없어지는 것은 아니다.

통계를 막는다고 현실이 바뀌는가.

잠시 속일 수는 있어도 영원히 속일 수는 없다.

2018. 8. 26.

'부동산 마이더스 손'이 목표가 아니라면 '두더지 게임'에서 벗어나야 한다

부동산 폭등의 '쌍두마차' 박원순 서울시와 문재인 정부의 '소동'이 가관이다.

정부는 전세자금 대출 보증을 제한하기로 했다가 반발이 거세자 급히 철회했다. 8월 27일에는 지난해 8.2 대책 이후 도대체 몇 번째인지 모를 '세금 압박' 대책을 또 내놨다.

'서울 낙후'의 대명사인 박원순 시장은 자신도 부동산 시장을 부양할 수 있다는 저력(?)을 보여주고 싶었던지 여의도-용산 개발을 들고 나왔다가, 부동산 폭등의 '주범'으로 몰려 급히 철회했다. 그사이 시장의 말만 믿었던 시민들은 계약 파기가 속출했고 큰 피해를 입었다.

박 시장이 '옥탑방 체험'으로 강북 개발 카드를 들고 나왔지만 이것도 또 하나의 해프닝이 될 조짐이다.

문재인 정부는 결국 정반대의 결과만 가져왔다. 일자리 양극화, 소득 양극화에 부동산 양극화 및 서울과 지방 양극화까지 '빈익빈 부익부'는 1년 새 급격하게 확대되었다.

이쯤 되면 자신의 정책을 신중하게 재검토해야 한다.

시장에 맞서고 국민과 싸우는 정책 일변도는 지속적으로 실패하고 있다. 정부 정책은 세금을 올려 부동산 보유와 거래를 억제하는 방식에 치중하였다. 손쉬운 방식이었다.

두더지 잡듯이 한 번 때려서 안 되면 또 때려서 잡는 식의 '두더지 게임'은 이제 우스운 꼴이 되고 있다.

경제 살릴 입법을 방기하니 돈이 부동산으로 간다는 생각은 왜 못 하는가. 공급이 부족하다는 진단도 귀를 열어야 한다.

'부동산 마이더스 손'이 목표가 아니라면 문재인 정부는 종합적이고 다차원적인 대책으로 급선회해야 할 것이다.

2018. 8. 31.

국토부 무책임한 정책 혼선, 일신이 필요하다

임대사업자 등록을 독려했다가 혜택을 뺏고 오히려 역기능으로 몰아가는 행태는 국민의 '뒤통수를 때린' 처사가 됐다.

전세자금 대출 제한 소동도 국민을 '잠재적 범죄자' 취급한 꼴이 됐다.

정책의 의도도, 방향도 다 잘못됐다.

더욱이 아마추어적 혼선은 정부 정책에 대한 큰 불신을 초래하고 있다.

왜 이렇게 자꾸 꼬이는가에 대한 근본적인 반성과 처방이 필요하다.

국토부는 최근 BMW 화재 사태에 대한 늑장 대응도 큰 실망을 주었다.

국민들의 인내와 분노에 비해 책임은 전혀 따르지 않고 있다.

장관의 진퇴를 포함, 책임을 묻고 일신하지 않으면 안 된다.

2018. 9. 3.

'깜놀' 장하성 실장은 나중에도 '깜놀했다' 할 것인가

장하성 실장이 최저임금이 오른 것에 '깜짝 놀랐다'고 말하는 모습에 국민들이야말로 놀라 쓰러질 정도다.

장 실장의 모습은 현 정부가 국민들의 현실에 대해 얼마나 무책임한가를 극명하게 드러낸다.

지금 정부의 정책 실패로 인해 국민들이 자살하고 있는 현실을 아는가. 자영업자는 빚을 갚지 못해 자살하고 종업원은 일을 못 해 죽음을 선택하는 비극이 벌어지고 있다.

이런 현실에 비추어 보면 너무나도 한가하고 동떨어진 정권 수뇌부의 모습이 아닌가.

장 실장은 처음에는 연말이 되면 상황이 달라질 거라고 했다가 슬그머니 내년이 되면 좋아질 거라고 한다. 그 기간은 그사이 또 왜 늘어났는가.

장 실장은 언제 어떻게 나아진다는 것인지 시점을 분명히 하고 만약 그때 가서도 좋아지지 않는다면 직을 내려놓겠다는 선언 정도는 해야 한다. 이것이 최소한이다.

문재인 정부 최대 미스터리는 '소득주도성장'에 '소득'이 없다는 사실이다. 일자리 정부라며 일자리가 없다. 서민들의 주거 안정을 말하며 서민이 살 집이 없다.

'빈익빈 부익부'는 더 심화되어, 어려운 사람은 더 어려워지고 일자리도 양극화되고 부동산도 집이 없는 사람이 더 집을 사기 어려워졌다.

했다 하면 거꾸로니 차라리 가만히 있는 게 낫다는 말까지 들린다.

경제가 더 어려워지고 나서야 장 실장은, 그때 가서 "경제가 이렇게 망가질 줄 저도 깜짝 놀랐다"고 말할 것인지 묻고 싶은 심정이다.

2018. 9. 4.

메르스 검역 '구멍' 각성하고 철저히 대처하라

보건당국이 차단하지 못한 메르스 의심 환자를 민간병원이 차단했다.

정부가 또 소 잃고 외양간 고치려는 동안 민간이 '잃어버린 소를 찾아다' 준 격이다.

당사자가 공항을 나오자마자 병원으로 향하고, 병원이 민첩하고 정확하게 대응하지 않았다면 상황은 걷잡을 수 없이 심각했을 것이다.

메르스가 가진 파괴력을 생각하면 정부의 검역 체계가 구멍이 난 부분은 뼈아프게 되새겨야 한다.

이미 중동에서 메르스가 발병하고 있는데 어떻게 이렇게 허술할 수 있는가.

다행히 메르스가 추가로 확산될 것 같지는 않다는 소식에 국민들은 놀란 가슴을 쓸어내린다.

철저한 대처로 더 이상의 실수가 없기를 바란다. 정부는 손 놓고 있는데 민간이 계속 소를 찾아다 줄 수는 없는 노릇 아닌가.

2018. 9. 10.

3차 남북정상회담 관련

3차 남북정상회담은 1차 회담처럼 '선언'의 반복이어서는 안 된다.

회담에 임박해 정치권 동행과 대기업 동행 압박 등 외형에 치우쳤던 점은 이미 옥의 티가 되었다.

'이벤트'를 즐기기에는 실제적 성과에 대한 목마름이 너무 크다.

북한의 태도로 볼 때 매우 어려운 점이라는 것을 안다.

노력하였으나 잘 안 되는 것은 국민들이 이해해 줄 수 있다. 하지만 계속해서 엉뚱한 방향으로 가고자 한다면 더 이상 용납하기 어렵다는 점도 기억해야 한다.

북한 비핵화의 본질보다 다른 부차적인 게 앞서는 상황은 곧바로 국민들의 피로감과 실망 그리고 외면으로 이어질 것이다.

3일 앞으로 다가온 상황에서 마지막까지 성공적 회담을 위한 노력을 경주해주기 바란다.

2018. 9. 15.

경제까지 '기승전-남북정상회담'인가

여당의 추석 민심 인식이 참으로 우려스럽다.

여당은 모든 것이 기승전-남북정상회담인가.

여당은 추석 민심을 전하며 남북정상회담 성과와 그 경제적 효과를 선전하는 데에 많은 비중을 할애했다.

남북 관계의 성과를 자랑하는 것은 이해한다. 그러나 경제 문제로 포장하고 자화자찬하는 것은 허장성세를 넘어 곡학아세가 지나치다.

남북 관계의 변화가 가져올 경제적 효과도 지금 그것을 들이대기에는 코끼리 다리 더듬는(盲人摸象) 형국이 아닌가 한다.

'남북문제를 일관되게 해나갔듯이 경제와 일자리 정책도 일관되게 해나가겠다'는 결의까지 중언부언하는 데서는 참으로 사태 인식이 안이하고 거꾸로 됐다는 생각을 지울 수 없다.

남북정상회담 후 지지율이 반등했다고 큰 착각을 하고 있다.

여당은 추석 민심에서 '경제 때문에 다 돌아섰다'는 소리는 아예 듣지를 못했는지 궁금하다.

남북문제는 남북문제로 풀고 경제는 제발 경제로 풀어주기 바란다.

기승전-남북정상회담으로 정권 5년을 버티고 갈 심산은 아니지 않은가.

2018. 9. 26.

소상공인 고통에 경청이 아니라 탄압으로 답하려 하는가

소상공인 사찰과 탄압 의혹에 귀를 의심하며, 심히 우려를 금할 수 없다.

지금 소상공인들의 고통이 얼마나 큰가는 두 번 말하지 않아도 국민들이 다 아는 사실이다.

소상공인들은 하루하루가 폐업 위기의 처지이며 벼랑 끝에 선 절박한 심정으로 광화문에 모이고 있다.

오얏나무 아래서는 갓끈도 고쳐 매지 마라 했다. 하물며 노골적인 탄압에 준하는 정부의 행위는 당장 중지되어야 한다.

정부는 소상공인들의 말을 경청하는 게 아니라 입을 틀어막는 방식으로 화답하려 하는가.

잘못된 처사를 시정하고 맹성할 것을 촉구하며, 국민의 고통과 목소리에 진정으로 귀 기울이는 자세를 가져주기 바란다.

2018. 10. 8.

가짜를 말할 자격이 없는 사람들이다

여당의 '매머드급 가짜뉴스 대책위'는 가짜가 '진짜놀음' 하는 것이며 결국 스스로의 부끄러운 자화상을 드러낼 뿐이다.

참 요란하기 짝이 없는데 기실은 '제 얼굴에 침 뱉기'가 아닌가.

가짜뉴스는 응당 없어져야 하고 엄단해야 하는 것도 맞다.

그러나 과연 그전에 그들이 그런 말을 할 자격이 있는지 묻고 싶다.

지난 시기 우리는 온갖 가짜뉴스가 사실과 진실로 둔갑해 더 큰 위력을 발휘하고 사회를 혼란으로 빠트린 사례를 너무 많이 목격해왔다.

그때마다 가짜의 가면을 쓰고 온갖 일탈과 비이성의 유희를 즐겼던 이들이 누구인가.

가짜가 판명되어도 단 한 번이라도 인정하고 반성해본 적도 없다.

그래서 그들은 가짜뉴스를 말할 자격이 없는 사람들이다.

스스로의 가면을 이제라도 솔직히 고백할 용기가 있는가.

아니면 민주주의니 표현의 자유니 하는 말을 다시는 입 밖에 꺼내지 않을 양심이라도 있는가.

아니면 국감이 너무 두렵고 정권의 안위를 보전하는 게 살얼음이라 어쩔 수 없이 맞붙어야 한다는 '진짜뉴스'라도 밝힐 수 있는가.

세상이 아무리 요지경이라도, 가짜가 하루아침에 '진짜놀음'은 하지 말자.

2018. 10. 11.

‘소피스트’ 박원순 시장

‘을과 을의 싸움을 조장하지 말라’는 박원순 시장의 왜곡과 기만이, 잘못됐다 못해 서글프고 측은하다.

‘이렇게 감동적이면서, 이렇게 교묘할 수 있을까.’

박 시장의 글은 참으로 감동적이다. 그야말로 가슴을 울리는 한 편의 글을 읽었다.

그러나 박 시장은 추호의 부끄러움도 없이 논점을 왜곡하고 대중을 기만하고 있다.

이렇게 심금을 울리며 호소력 짙은 말을 하기도 쉽지 않을 것이고, 이렇게 뻔뻔스럽게 ‘거짓말 잔치’를 펼치기도 참으로 쉽지 않을 것이다.

이것이 박 시장의 강점이자 맹점이 아닌가 다시 한번 생각한다.

박 시장은 책임을 통감하고 문제를 바로잡도록 최선을 다해야 한다. 아니 스스로 더 분노하며 문제를 바로잡도록 나서야 한다.

그것이 정의로운 것이기 때문이다.

결과적으로 박 시장의 비정규직의 정규직화 노력도 귀족노조에 의해 이용당한 꼴이기 때문이다.

그러나, 의아하게도 박 시장은 반발하고 왜곡하며 정치 공세를 펴는데 더 집중하고 있다.

지금 국민들이 분노하는 것은 비리와 반칙, 특혜가 드러났기 때문이 아닌가? 이게 ‘비정규직 차별을 정당화’하는 행위인가? 바로잡자고 목소리를 높이는 것이 ‘을과 을의 싸움’을 조장하는 행위인가?

면피나 물타기는 가짜가 판치는 세상에서 흔히 있을 수 있는 행태다.

그러나 박 시장은 대중을 속이는 궤변을 너무 잘해서, 그 폐해가 너무 크다.

소크라테스를 죽음으로 몰아간 '소피스트'도 박 시장 앞에서는 살아남을 자가 없을 것이다.

2018. 10. 22.

'신'이 누구인지 제대로 좀 찾아보자는데 무엇이 켕기는 것인가

공공기관 채용비리·고용세습 의혹에 관한 국민적 공분은 임계치를 넘고 있는데 책임 당국과 여당의 행태는 역주행 페달을 밟고 있다.

책임져야 할 박원순 시장은, 말귀를 못 알아듣고 엉뚱한 소리로 노발대발하는 '사오정 놀이'를 하고 있다. 여당의 홍영표 원내대표는 이마저도 '가짜뉴스 타령'을 하고 있다. 귀족노조를 반성해야 할 민주노총은 총파업을 하겠다고 한다.

이런 행태를 국민들은 이해할 수 없다.

입만 열면 '정의'니 '공정'이니 '평등'이니 하던 사람들이 하는 행동으로서는 심각한 모순이다.

한편으로는 비정규직을 정규직으로 전환한다면서 다른 한편으로는 3만개 단기 비정규직을 쥐어짜려했던, 얼마 전 청와대의 발상도 다시 생각해보면 황당하기 그지없다.

결국 공공기관을 '채용 비리 복마전'으로 만든 데 대해 민주노총·서울시·청와대·여당의 4박자가 조금씩 일조하고 짬짜미한 셈이다.

계속 국정조사를 거부하면, 공기업과 공공기관이 귀족노조의 '고용세습 놀이터'가 되어버린 것은 결국 민주노총과 그들에 우호적인 책임 당국의 합작품이라는 추론을 강화할 뿐이다.

공기업과 공공기관은 그야말로 취업을 앞둔 청년들에게 '꿈의 직장'을 넘어 '신의 직장'이다.

'신'이 누구인지 제대로 좀 찾아보자는데 도대체 무엇이 켕기는 것인가.

2018. 10. 23.

국회와 야당과의 '직통전화'도 놓으시기 바란다

문재인 대통령이 평양선언과 군사분야합의서를 심의·의결하기 전에 판문점선언 국회비준동의안을 거둬들이고 일괄 처리했어야 했다.

바른미래당은 판문점선언 비준동의안 처리를 국회로 떠밀지 말고 대통령이 국무회의 심의를 거쳐 직접 비준하라고 한 바 있다. 그런 연후 국민에게 중대한 경제적 부담을 지우는 구체적인 합의서가 있다면 그 부분은 국회의 비준 동의를 받도록 해나가면 될 것이라고 해법을 내놨다.

그런데 대통령은 한사코, 계속해서 판문점선언의 국회 비준 동의 처리만을 요구하고 있다.

판문점선언 비준동의안은 국회에 계류시켜놓은 상태에서 구체적인 후속 합의 성격인 평양선언은 직접 비준한다는 것은 순서가 맞지 않다.

대통령은 판문점선언을 직접 비준하는 방향으로 선회하여 불필요한 정쟁에 빨리 종지부를 찍어야 한다.

아울러 대북 문제와 관련 국회나 야당과의 소통과 협력에 평소 더 신경 써야 한다.

김정은 위원장과의 직통전화에만 신경 쓰지 말고 야당과의 직통전화도 놓았더라면 이렇게 순서가 꼬이지 않을 것이다.

2018. 10. 23.

‘깨끗한’ 환경부에 ‘유해한’ 장관 안 된다

조명래 환경부 장관 후보자를 ‘문재인 정부 2기 내각에 당당히 이름을 올리길 바란다’는 여당의 말이 참 뻔뻔스럽다.

조 후보자는 일찌감치 국민들도 관심을 끊었다. 조잡하기 짝이 없이 이어지는 흠결들에 더 볼 것 없이 판단이 섰기 때문이다.

청와대는 그동안 수많은 부적격 인물을 밀어붙였다. ‘깨끗한’ 환경을 만들어가는 환경부에마저 ‘유해한’ 인물을 보낼 수는 없다.

이미 알려진 흠결들을 일일이 거론하지 않겠다.

국민들은 조 후보자의 총체적 위선에 혀를 내두른다.

위장전입과 다운계약서를 일삼은 사람이 ‘토건주의’를 비판한다.

만 2세 손자에게 차비와 세뱃돈으로 2,200만원을 줬다는 사람이 ‘물질주의’를 비판한다.

이외에도 주장과 삶이 상반된 게 한두 가지가 아니다.

모두가 ‘용’이 될 필요는 없다며 ‘그들만의 예쁘고 따뜻한 개천’을 가꾸자던 민정수석의 눈에 이런 위선 정도는 위선으로도 보이지 않았을 것임이 이해되고도 남는다.

2012년 대선을 앞두고 ‘탈핵의 정치화’로 선거 혁명을 주장했던 가상함에, 과속 질주하는 ‘탈원전’의 적임자로 문재인 대통령의 마음에 쏙 들었을 것임 역시 이해가 된다.

불과 얼마 전 지방선거에서 박원순 시장을 위해 정부출연기관법 정도는 가뿐히 무시한 무모함이나 무지성 폴리페서로서의 싱싱한 활동력도 높이 샀을 것임 역시 짐작된다.

지금 조 후보자에 따라 붙는 수식어는 우롱, 무개념, 꼼수, 거짓, 위선 등이다.

국민을 '우롱'하거나 국민을 '무개념'으로 보지 않는다면 청와대는 당장 철회해야 할 것이다.

2018. 10. 24.

'패닉 상황 아니다'는 경제부총리의 말이 더더욱 '패닉'이다

'패닉 상황 아니다'는 경제부총리의 말이 우리 국민들에게는 더더욱 '패닉'으로 다가온다.

정부는 왜 우리 증시만 이렇게 크게, 급속도로 빠지고 있는지 심각하게 생각해보아야 한다.

특히 안이한 대처로 일관하고 있는 경제사령탑에 대한 불신이 반영된 결과라는 점을 엄중히 자각하기 바란다.

최근의 각종 지표와 통계는 IMF 당시 어려웠던 상황을 방불케 하고 있다.

우리 경제가 총체적 난국으로 빠져들어 그만큼 대내외 신뢰도가 추락하고 있음을 증시 상황이 보여주고 있는 것이다.

아무리 상황이 어려워도 정부가 충분히 극복해낼 수 있을 거라는 믿음을 주면 충격을 최소화할 수 있을 것이다.

앞으로 더 큰 태풍이 올 것이라 경고하고 있는데 정부는 눈앞에 펼쳐진 재난조차 인식하지 못하고 있다.

신호가 빨간불인데 노란불이라거나 심지어는 파란불이라는 이야기를 하고 있는 것이 현 정부의 모습이다.

상황을 반등시키려면 우리 정부가 위기를 정확하게 진단하고 있다는 믿음을 주어야 한다.

경제사령탑의 빠른 교체와 정책 기조 및 주요 정책의 전환을 시급히 선언해야 한다.

토끼뜀도 모자란데 '거북이 흉내'를 내고 있는 정부를 보는 국민들의 인내가 더 이상 지탱이 어렵다는 점을 말하지 않을 수 없다.

2018. 10. 30.

생선을 꽉 물고는…

"삭감하지 말아주십시오."

국회 운영위에 출석한 임종석 비서실장의 요청에 다급함이 묻어났다.

청와대가 제출한 181억 원의 특활비….

특활비를 가지고 두 전직 대통령을 뇌물죄로 몰고 간 이의 다급함치고는 참으로 이해하기 어렵다.

검찰이 기소한 특활비 뇌물죄는 결국 법원에 의해 무죄가 되었다. 하지만 국민들은 특활비라는 '눈먼 돈'이 있는 줄 처음으로 알게 되었다.

도대체 그런 돈이 왜 있었던 건지 근본적 의문에 도달했다. 고양이에게 생선을 물려주고는 생선을 먹어치운 고양이를 질타하고 있는 건 아닌지 물음표가 깃들기도 했다.

도덕적 해이는 분명히 문제지만 애당초 그런 돈을 그리 방만하게 둘 것도 아니었다. 그리고 이제 알았으면 당연히 개혁해야 한다.

영수증 없는 눈먼 돈은 없어져야 한다. 정말 국가 안보상 비밀 사업이 필요한 최소한의 영역을 제외하고는 이유가 없다.

그게 대통령을 탄핵하며 약속한 깨끗한 사회의 눈높이였고 나라다운 나라 아니었던가.

우리 국민들은 도대체 대통령이 '투명하지 않게' 특활비를 집행해야 할 구석이 얼마나 있다는 건지 알 수가 없다.

더욱이 청와대는 지난 심재철 의원의 제시로 알려진 공식적인 업무추진비도 엉망진창으로 썼다는 것이 여실히 드러났다.

눈 달린 돈도 어긋나게 쓰는 이들이 눈먼 돈이 꼭 필요하다며 삭감하지 말아달라니 국민들은 어이가 없을 뿐이다.

청와대와 정부는 특활비 개혁을 거부해서는 안 된다. 생선을 꽉 물고 놔주지 않는 못된 고양이가 돼서는, 과연 '촛불혁명'으로 탄생했다 칭하는 정부에 청와대가 맞나 묻지 않을 수 없다.

2018. 11. 14.

냉수 마시고 정신 좀 차려주시길 바란다

더불어민주당 이해찬 대표의 오만함이 명불허전이다.

못 살겠다는 거리의 아우성은 들리지 않는지, 경제가 외환위기 당시보다 심각하게 휘청거리는 것이 보이지 않는지 묻고 싶다.

조선업과 자동차산업을 놓고 '물 들어올 때 노 저어라'는 대통령의 거꾸로 된 판단력에 당 대표라도 또렷한 정신을 가져야 하겠건만 당청이 초록이 동색이니, 도대체 원인이 무엇인지 참으로 안타깝다.

이해찬 대표는 노무현 정부의 영욕을 분담하는 사람으로서 교훈을 찾아 실패를 반복하지 않도록 하면 좋으련만 여전히 자기는 잘났고 남이 다 망가트렸다는 소리만 하고 있다.

이해찬 대표가 이렇게 현실이나 국민과 괴리된 인식을 자꾸 드러내는 것은 낡은 이념의 박제품이기 때문이 아닌가 싶다.

결국 내가 아니면 안 된다는 패권의식과 배타적 이념의 도그마가 깊숙이 자리하고 있기 때문인 것이다.

부디 현실로 나와 자기 세력을 위한 정치가 아니라 국민을 위한 정치를 좀 해주기 바란다.

이해찬 당대표는 최근 이재명 경기도지사를 옹호하고 6.13 지방선거 공천헌금 논란의 중심에 있는 박범계 적폐청산위원장에게는 당무감사위원장의 중임을 임명하는 등 도덕불감증과 책임 정치 실종의 '역주행 리더십', 국민과 괴리된 폐쇄 정치의 전형을 보여주었다.

국민들을 잘살게 하고 국민들의 마음을 모으면 안 한다고 해도 시켜줄 것이다.

이 대표가 20년 집권이니 50년 집권이니 '중구난방'으로 논하는 동안 집권 2년 차 국민들의 겨울은 움츠릴 어깨도 모자랄 정도로 차갑기만 하다.

요즘 청와대든 당이든, 아래든 위든 너 나 할 것 없이 부디 냉수 마시고 정신 좀 차리시기를 부탁드린다.

2018. 11. 26.

'강력한 사람'보다는 '정직한 사람'이 먼저 되길 바란다

박원순 서울시장이 서울교통공사 '채용비리' 논란과 관련한 국정조사에 대해 '야당의 정치공세'라는 입장을 되풀이하며 "채용비리 논란을 돌파할 자신이 있고, 돌파하면 더 강력한 사람이 될 것"이라고 했다.

이재명 경기지사가 '친형 강제입원', '혜경궁 김씨' 의혹 등을 "경찰이 권력을 택했다"며 "백절불굴의 의지로 뚜벅뚜벅 나아가겠다"고 정면 돌파를 선언하는 것과 크게 다르지 않다.

박 시장이나 이 지사나 숨길 수 없이 드러나는 게 자신의 '대권욕'이다. 문재인 대통령에 반기를 들며 '판'을 키우는 양식도 같다.

진실을 밝히자는 사안을 마치 박해라도 받는 것처럼 호도해 '박해받은 선구자 증후군'의 수혜자가 되려 갖은 애를 쓰고 있다. 오히려 기회라 생각하고 효과를 극대화하는 데 집중한다.

지금 이 시점에 '더 강력한 사람'이 무슨 소리인가? 결국 관심은 진실이 아니라 딴 데 있는 것이다.

무엇보다 박 시장의 발언은 명백한 적반하장이다. 박원순 시장이야말로 채용비리를 '정치공세화(化)'하고 있다.

채용비리에 묵인과 방조를 넘어 적극적으로 영향력을 행사한 정황이 드러나고 있는 박원순 시장은 정당한 국정조사 요구에 대해 누구보다도 성실히 협조해야 할 것이다.

천만 서울시민은 박원순 시장이 '강력한 사람'보다는 '정직한 사람'이 먼저 되길 바라고 있다.

스스로 정직하고자 하면, 진실을 호도하지 않아도 저절로 더 강력해질 것이다.

2018. 11. 28.

'혜경궁 김씨 의혹', '문준용 특혜채용 의혹'과 같이 가려야 한다

한 점 의혹 없이 조사해주기 바란다.

이재명 경기지사는 김혜경 씨의 명예훼손 혐의를 가리려면 '문준용 특혜채용 의혹'의 진위를 밝히는 것이 전제가 된다고 주장했다.

이 지사의 주장은 법리적으로 타당하고, 결국 이 사안이 관심사로 부상하였다.

경찰이 수사한 대로 검찰 역시 기소 의견으로 결정을 한다면, 검찰은 문준용 특혜채용 의혹 건을 동시에 수사해야 할 것이다.

반면 검찰이 기소 의견을 바꾼다면 이 같은 '정치적 부담'에 영향을 받았다고 볼 의심을 피할 수 없을 것이다.

따라서 검찰은 좌고우면하지 않고 어떤 정치적 고려도 없이 오직 진실만을 밝히는 데 집중해주기를 바란다.

이재명 지사도 문준용 건을 제기하면서 특혜채용이 아니라고 확신한다는 단서를 강조하는데 결코 진실을 밝히고자 하는 자세로 보이지 않는다.

이 지사는 이미 2017년 문준용 특혜채용을 단정하듯 발언하며, 당시 대선 경쟁자 문재인 대통령을 공격한 바 있기 때문이다.

이제 와 정반대의 오리발을 흔드는 것은 철면피한 거짓이며, 혼탁한 정치적 술수를 부리는 행태 이상도 이하도 아니다.

이는 문준용 건으로, 이 지사가 언급했던 '권력'과 모종의 타협을 유도하겠다는 비겁한 태도다.

이 지사도 오로지 진실을 밝히겠다는 자세로 임해야 한다.

2018. 12. 4.

비극적 사고 뒤에 낙하산의 '웃음 보고', 참담하다

길바닥에서 100도가 넘는 뜨거운 물기둥이 치솟아 길 가던 시민이 사망하고 수십 명의 사상자가 발생했다.

비극적 사고에 참으로 참담함을 금할 수 없다.

한국지역난방공사 사장의 '웃음 보고'는 더욱더 충격이다. '의미 없는 웃음'이라고 해명하지만, 시민들은 분노하고 있다.

뜨거운 물이 차의 앞 유리를 뚫고 들어와 사망한 시민은 예쁜 딸, 예비사위와 첫인사를 나누고 귀가하던 중이었다고 한다. 평범한 시민의 '가장 아름다운 날'이 상상할 수 없는 참담한 사고에 '가장 비극적인 날'로 바뀌어야 하는 현실이, 안전한 나라를 살아가는 시민의 일상이라고 추호도 생각하고 싶지 않다.

그러나 사고는 이미 예고되었던 인재(人災)라는 소리들이 벌써 쏟아지고 있다.

백주대낮에 날벼락도 아니고 어떻게 이런 사고가 발생할 수 있으며 어떻게 이렇게 허무하게 시민의 생명이 위협받을 수 있는가.

한편에서는 쏟아지는 뜨거운 물을 피해야 했으며 한편에서는 난방 중지 사태로 추위에 떨어야 했다. 그리고 추가적인 사고가 또 발생하지 않을지 시민들의 걱정은 가시지 않고 있다.

알고 보니 한국지역난방공사 사장은 문재인 정부의 전형적인 낙하산 인사였다. 난방공사와는 어떤 인연도, 전문성도 찾아볼 수 없는 '캠코더'의 대표 격이다.

문재인 정부가 온 천지에 흩뿌려놓은 낙하산이 결과적으로 상상할 수 없는 대참사의 주인공이 된 셈이다.

원인 파악은 물론 사태 파악도 못 한 상태에서 나온 '의미 없는 웃음'

은 총체적 태만과 기강 해이의 결정판으로 다가온다.

'사이코패스냐'는 시민들의 원성 앞에, 최근 청와대의 기강 해이 논란이 스치는 것은 왜인가. 공직자의 부패와 기강을 바로잡는, 청와대의 핵이어야 할 특감반의 부정과 기강 해이 사태가 무관하지 않아 보이는 것은 과연 무리인가.

윗물이 아랫물이 되는 것은 자연의 이치다.

끔찍한 사고를 엄중히 책임지고 철저히 수습하기 바란다.

2018. 12. 5.

동절기 강제철거 없다던 박원순 시장은 도대체 무얼 했나

한 철거민의 자살이 안타깝고 가슴이 아프다.

유서에서 그는 "사흘간 추운 겨울을 길에서 보냈고 내일이 오는 것이 두려워 자살을 선택한다"고 썼다.

못내 분노스러운 것은 이런 비극이 '박원순 서울시'하에서 벌어졌다는 사실이다.

박원순 시장은 2012년 6월 봉천동 일대 강제철거가 이슈가 되자 "모든 일정을 취소하고 가서 막겠다"고 목소리를 높였다. 2016년 5월 서대문형무소박물관 맞은편 무악동 강제철거 당시에는 늑장 개입하면서는, "서울시가 할 수 있는 모든 수단을 다 동원해서 이 공사는 없도록 하겠다. 제가 손해배상을 당해도 좋다"며 엄포를 놨다. 2012년 초 '용사사고' 3주기 때는 '용산철거민 사면 건의서'를 이명박 대통령에게 전달했다.

이슈가 되고 정치적 주목을 받는 사건에는 빠지지 않고 등장하던 시장이었다.

더욱이 2011년 겨울 박원순 시장은 '동절기에 강제철거는 없다'고 선언했으며 틈만 나면 이 사실을 강조했다.

그런데 추운 겨울 무자비한 강제철거가 이루어지고, 결국 한 청년이 어머니를 놔두고 목숨을 끊는 사태까지 내몰리도록 도대체 무얼 하고 있었단 말인가.

만약에 이런 사건이 자신이 시장이 아닌 상황에서 발생했다면 과연 박 시장은 어떻게 행동했을까. 얼마나 날을 세워 비판했을지 불을 보듯 뻔하다.

빈소를 찾은 박 시장이 고작 10분간 철거민들을 면담하고 한 말이라고는, 임대아파트를 늘리겠다는 것과 동절기 강제철거 금지 원칙을 준수하겠다는 닳고 닳은 언사가 전부였다.

'사회가 낳은 타살'에 행정책임자로서 무릎을 꿇고 용서를 구해도 모자라는 것 아닌가.

늘 사회적 약자를 위한다는 박원순 시장이다. 강북개발이니 비정규직의 정규직화니 이득 될 이슈를 좇는 동안 추운 겨울에 쫓겨나는 철거민은 왜 보지 못했는지 돌아보기 바란다.

'동절기에 강제철거 없다'고 얼마나 큰소리쳤는가.

2018. 12. 8.

대통령 국민 안전권 말하려면 '낙하산 불투하' 선언해야 한다

문재인 대통령이 수석보좌관회의에서 안전권 천명 정부로서 송구하다고 했지만, 최근 국민들이 체감하는 정도에 비하면 '뻔한 소리의 반복'으로 다가온다.

백석역 온수관 파열 사고와 강릉선 KTX 탈선 사고를 보며 국민들은 평온한 일상이 두려울 정도다.

더구나 이 두 사고의 담당 기관이 문재인 정부 '낙하산'들이 운영하고 있던 곳임을 국민들이 알게 되면서 실망은 더욱 크다.

둘 다 예고된 인재(人災)였고, 둘 다 낙하산 사장이 해당 사업과는 어떤 연관성이나 전문성도 찾아볼 수 없는 인사였다.

철도청의 경우는 자회사까지, 문재인 정부가 13명의 '캠코더' 낙하산을 투하한 사실이 알려졌다.

민주노총 출신, 문재인 대통령 대선 캠프 부동산정책 담당자, 문 대통령 팬카페 운영자, 영어강사 경력의 박원순 서울시장 후보 유세본부장 등 철도와는 전혀 관련이 없는 비전문 경력이 놀랍고도 화려하기만 하다.

노무현 정부 비서관 출신인 한국지역난방공사 사장은 백석역 온수관 파열 사고 당시 '웃음 보고'로 '사이코패스냐'는 분노를 낳았다.

강릉선 KTX 탈선 이유가 추위 때문이라는 코레일 사장의 '비전문가다운' 말은, '러시아는 매일 열차가 탈선하겠다'는 국민들의 비웃음만 샀다.

문재인 대통령은 정말 국민들께 송구하다면 이런 실태에 대해 대답을 해야 한다.

평온하게 길을 가던 사람이 100도가 넘는 물기둥이 솟구쳐 생명을 잃었다. 세계 최고 수준의 기술을 자랑하는 KTX가 신호체계 이상만으로 탈선하여 나뒹굴었다. 대형 참사를 피한 건 거의 운(運)이었다. 언제 어떤 불상사가 국민들의 평온한 일상을 덮칠지 불안하기만 하다.

대통령이 진정 국민 안전권을 말하려면, 최소한 국민의 생명 및 안전과 관련된 공공기관에만큼은 낙하산을 투하하지 않겠다는 선언과 약속을 할 의향은 없는가?

국민들의 추락한 신뢰와 실망 그리고 불안의 정도를 제대로 체감한다면, 늘 하던 말로 달랠 수 있을 거라 결코 생각하지 못할 것이다.

2018. 12. 10.

사필귀정(事必歸正), 만시지탄(晩時之歎), 감탄고토(甘呑苦吐)

사필귀정(事必歸正)이다.

이재명 경기지사는 이제라도 국민 앞에 정중히 사죄하기 바란다.

이 지사에 대한 국민적 인식은 이미 실망 그 이상이다. 이 지사가 '콩으로 메주를 쑨다' 해도 믿지 못할 판이다.

공직자로서의 본분과 국민에 대한 예의를 기대하기는 어려우며, 이제 어떤 변명거리를 늘어놓을까만이 궁금할 뿐이다.

지금까지의 해악만으로도 크기를 재기 어렵다.

만시지탄(晩時之歎)이다.

이 지사를 옹호해온 더불어민주당이 이제 와 어떤 입장을 내놓거나 어떤 조치를 취하더라도 때는 늦었을 뿐이다.

이 지사 건으로 이해찬 대표가 이끄는 민주당은 '도덕불감 식물정당'으로 국민들에게 '깊은 인상'을 각인시켰다.

이해찬 당대표가 직접 정중히 사죄해야 할 것이다.

감탄고토(甘呑苦吐)다.

부인 김혜경 씨에 대해 불기소 처분한 것은, 달 줄 알고 삼켰다가 쓸 것 같아 뱉은 격이다.

옳고 그름의 사리판단 없이 저의가 따로 있는 것으로, 결국 '문준용 건'을 덮으려는 의지가 투영된 것으로밖에 보이지 않는다.

일명 '혜경궁 김씨' 건으로 부인의, 문재인 대통령과 문준용 씨에 대한 허위사실 명예훼손을 가리려면, '문준용 특혜채용 의혹'의 허위 여부를 먼저 밝혀야 한다고 이 지사가 맞섰던 것을 기억한다.

이 지사의 '맞장'에 '앗, 뜨거!' 하고 꽁무니 뺐다.

국민들은 속을 훤히 꿰뚫고 지켜볼 것이다.

2018. 12. 11.

최저임금 속도 너무 빠른가요? 라는 유체이탈 화법, 대통령은 다른 세상 사는가?

문재인 대통령이 고용노동부 직원들과 대화를 하면서 "최저임금 속도 너무 빠른가요?"라는 질문을 던졌다.

현장의 실무자들은 조심스럽게 속도 조절의 필요성에 대해 이야기했지만 이재갑 고용부 장관은 "가늠하기 어려운 것 같다", "취업자 증가 폭이 줄어든 것이 '최저임금 때문이 아니냐'는 언론의 지적이 있지만 그게 다는 아닐 것"이라며 최악의 고용 위기가 최저임금 인상 탓만은 아니라는 정부의 주장을 되풀이했다.

이에 문 대통령은 "실직한 일용직들을 실제로 면접 조사해본다든지 하는 방법으로 그 원인이 뭔지, 한번 제대로 정확히 알았으면 좋겠다"고 답했다.

참으로 '정다운' 풍경이지만 국민의 실상과는 멀어도 너무 거리가 먼, '다른 세상' 풍경 같다.

바라보는 눈이 고통스럽기만 하다.

현실을 몰라도 너무 모르는 대통령의 유체이탈 화법이다.

속 편한 소리에, 속이 뒤집어진다.

대통령과 국민들 사이에는 도대체 어떤 벽이 있는 걸까.

국민들은 아우성인데 그 소리는 들리지 않는 듯, '찾아서 한번 들어보자'고 한다.

누구보다도 소통과 공감을 강조했던 문재인 대통령이었기에 국민들은 누군가 대통령의 눈과 귀를 막고 있는 것은 아닌지 하는 의심도 해본다. 하지만 설령 아첨꾼들로 둘러싸여있다 해도 이렇게 세상의 경계가 다를 순 없다.

내년 1월부터 최저임금이 10.9% 인상되면 자영업 폐업은 물론 고용시장 붕괴가 더욱 가속화할 수밖에 없을 것이다.

현실에 비해 대통령의 질문은 너무나 한가하다. 막연한 질문을 던질 때가 아니라 구체적인 대안을 가지고 의견을 물어도 늦을 정도다.

당장 최저임금에 대한 실효성 있는 조치가 시급하다. 최저임금 동결 선언과 내년도 최저임금의 시행 유예 조치와 같은 구체적인 안이 필요하다.

2018. 12. 12.

'미꾸라지'와 청와대 공방 다 드러내 밝혀야 한다

전(前) 민정수사관과 청와대의 공방을 그냥 넘어갈 수 없다.

청와대 국민소통수석은 '궁지에 몰린 미꾸라지 한 마리가 개울물을 흐리고 있다'고 하지만 국민들은 그 물이 이미 '똥물'이 아닌가 혀를 차고 있다.

많은 것이 앞뒤가 안 맞다.

임종석 실장은 들은 바 없다고 했지만 우윤근 대사는 임 실장에게 이야기했다고 한다.

'철저히 조사했다'고 했지만 전혀 조사하지 않았다. 수사관이 제시한 추가적인 증거도 묵살했다. 결국 덮고 넘어간 것이다.

'민간인 사찰'이니 명예훼손이니 하며 오히려 우 대사의 대변인을 자처한 청와대다.

비서실장의 '강한 유감' 표명을 필두로 윤영찬 수석, 조국 수석 등 수석비서관들이 나서서 '법적 책임을 반드시 묻겠다'고 한다.

가히 호떡집에 불난 형국이다.

이게 청와대가 온통 발칵 뒤집힐 일인가.

그렇다면 다 드러내놓고 시시비비를 가리자.

떠오르는 것은 박근혜 정부 2년 차에 불거진 '십상시' 문건 파동이다. 이 정부 청와대의 데칼코마니다.

'찌라시에 흔들려서는 안 된다'며 '국기 문란'까지 거론하던 대통령은 그로부터 2년을 넘기지 못했다.

국민들은 이 정부가 불행해지는 것을 바라지 않는다.

추호도 국민들을 속일 생각을 하지 말기 바란다. 그것이 불행을 막는 길이다.

2018. 12. 16.

의문투성이 청와대 감찰, 공정한 검찰 수사와 총체적 진상 규명이 필요하다

청와대는 특감반 파문과 관련 총력 대응 체제를 가동하고 있지만, 국민들에게는 불신과 의문만 더 커지고 있다.

더 이상의 공방은 의미가 없으며, 검찰의 공정한 수사와 총체적 진상 규명이 필요하다.

청와대는 여권 인사의 비위를 묵살하고 덮으려 했다는 사실을 부인할 수 없다. 또 민간인에 대한 사찰이 이루어졌음을 피해 갈 수 없다. 이것이 국민들의 결론이다.

청와대는 되레 반발하며 오로지 변명과 부인으로 일관하고 있다. 똥 싸고 매화 타령하거나 방귀 뀐 놈이 성을 내는 것도 한 번 두 번이다.

청와대가 하는 설명과 해명은 앞뒤 안 맞는 것투성이다. 듣고 있는 국민들의 불신과 스트레스만 커질 뿐이다.

이루어지지도 않았던 검찰 수사를 조작하는, 허위사실 유포까지 서슴지 않았다.

민간인 사찰을 두고 내놓는 논리도 참으로 아전인수에 궤변이 따로 없다. 물에 빠지면 입만 동동 뜰 것 같은 생각만 들게 한다.

청와대의 '유전자' 운운은, 사람의 목숨이 경각에 달렸는데 '사막의 침묵' 운운하던 황당함과, 국민 정서와 괴리된 깃털 같은 가벼움을 떠올리게 한다.

지금 필요한 것은 명명백백한 사실관계이지 감성적 물타기가 아니다.

'궁지에 몰린 미꾸라지 한 마리의 분탕질'이라고 했지만 정작 미꾸라지는 청와대에 있었던 것이다. 국민들은 청와대를 보며 손가락을 빠져나가려는 미꾸라지의 몸부림을 생생히 목도하고 있다.

여당인 더불어민주당도 마냥 청와대 방패막이만 하고 있을 때가 아니다.

조금이라도 가슴에 손을 얹어 보면 얼마나 자기모순이 큰지 모를 수가 없을 것이다. '내로남불'이라는 말도 약하다. 이중잣대, 이중인격이 이럴 수 없다.

미꾸라지처럼 빠져나갈 수 있는 상황이 아니다. 의문투성이 청와대 감찰에 대해 공정한 검찰의 수사와 총체적 진상 규명이 이루어져야 한다.

2018. 12. 19.

김현미 국토부 장관이 책임져야 한다

신성장 동력인 공유경제의 도입과 택시 산업 종사자의 생존권이 첨예하게 대립하고 있는데, 이럴 때 필요한 '정치'가 제 역할을 하지 못하고 있다.

그동안 정부 여당은 무능의 극치를 보여주었다. 특히 국토교통부 장관에게 큰 책임을 따져야 한다. 김현미 장관은 택시 기사가 목숨을 끊자 '분명한 카풀 반대'를 밝혔다. 그렇다면 그동안은 무얼 했던 것인가.

오락가락하며 방치하다 택시 기사의 분신 사태가 발생한 것이다. 마치 카풀을 허용하는 듯하다가 이제는 택시 업계를 대변할 듯 나서는 모습이 국민들 눈에는 황당하고 뻔뻔스럽게 다가온다.

그동안 문제는 훨씬 더 꼬여버렸다.

중요한 것은 중재와 합의 도출의 실질적인 역할이다. 정부 여당과 국토부는 더 이상 책임을 방기하지 말고 제대로 나서야 할 것이며, 정치 본연의 문제 해결 능력을 보여주어야 한다.

카풀 서비스와 택시업계의 공존을 도모하는 실효성 있는 대책을 시급히 마련해야 할 것이다.

2018. 12. 20.

꽃다운 아이들의 명복을 빌며 다짐한다

어른들의 잘못으로 꽃다운 아이들을 또 떠나보낸다.

세월호 참사 이후 다짐하고 다짐했건만 어른들은 약속을 지키지 못했다.

사고가 결코 우연이 아닌 인재(人災)였음을 확인하며 부끄러운 얼굴을 들 수가 없다.

사후약방문의 우리 자신을 다시 한번 탓하지 않을 수 없다.

사고가 난 후에야 시정해야 할 점들을 발견하고 나서기를 반복하고 있다.

안전 점검에서 제외되었던 펜션과 숙박 시설의 보일러에 대한 일제 점검을 실시하겠다고 한다. 무자격 시공 실태도 마치 처음 들은 듯 이제야 단속하겠다고 한다.

결국 사고가 난 강릉 펜션의 보일러는 무자격자에 의해 시공이 된 것으로 밝혀졌다.

오늘은, 무려 29명이 사망하고 40명이 부상했던 제천 화재 참사 1주기가 되는 날이다.

이 정부는 '국민 안전권 정부'를 천명했다. 그러나 무색하기만 하다.

국민의 생명과 안전을 지켜주어야 할 정부의 태만과 변명을 얼마나 더 지켜보아야 하는가.

국민 안전은 '말'로 되는 것이 아닌데 과연 무엇이 바뀌었는지 국민들은 체감하지 못하고 있다.

의식을 되찾지 못하고 있는 아이들이 한 명도 빠짐없이 회생하기를 두 손 모아 기원한다.

세 아이를 떠나보내며 아프고도 깊은 반성을 한다. 아이들의 운명이 헛되지 않도록 하는 것만이 진정 부끄러운 이들의 몫임을 두고두고 잊지 말아야 한다.

못다 핀 꽃들에 명복을 빈다.

2018. 12. 21.

세 자매의 용기, 우리 사회가 다시 한번 각성해야 한다

'서울 등촌동 살인 사건'의 피해자 세 자매가 '살인자 아빠'의 신상을 공개했다. 이에는 법적 논란이 있다.

그러나 세 자매가 이렇게까지 하는 상황을 접하며 우리 사회는 다시 한번 크게 각성해야 할 것이다.

이 사건을 통해 우리는 가정폭력을 일삼는 자로부터 그 가족을 지켜주지 못하는 우리 법 체계와 제도의 허점과 미비점을 뼈아프게 확인하였다.

그 가족들이 얼마나 큰 공포와 고통 속에서 살아야 하는지 알 수 있었다.

우리 경찰의 안이한 대응도 참으로 어이가 없었다.

이제야 가정폭력방지대책이 세워지고 경찰의 지침도 바뀌는 등 변화를 꾀하게 되었다.

"우리는 피의자의 딸이다. 그러나 피의자의 딸이기보다 피해자의 딸로 살아갈 생각"이라고 했다.

엄마와 세 자매가 겪은 상처와 고통을 누구도 상상할 수 없을 것이다. 우리는 그 경종에 귀 기울여야 한다.

개인의 문제가 아닌 공적인 문제이다. 세 자매의 문제가 아니라 우리 사회의 문제이다. 이 점을 분명히 자각해야 한다.

우리 사회 구성원 모두가 다시 한번 경각심을 가짐으로써 세 자매의 외침과 용기에 화답할 수 있어야 한다.

2018. 12. 21.

인간성 상실의 자화상 돌아보아야 한다

인간답게 살 권리를 잊어서는 안 된다.

어떤 이성적 논리에도 불구하고 양보할 수 없는 것이, 인간으로서의 최소한의 존엄이며 양심이다.

청년노동자 김용균 씨의 사망을 보며 '인간성 상실의 시대'를 사는 우리 자신의 자화상을 강하게 돌아본다.

고인이 사망한 후 30분도 되지 않아 예비컨베이어벨트 재가동을 결정했다거나 고용노동부의 작업 중지 명령에도 불구하고 벨트가 돌아갔다는 의혹은 참으로 큰 충격을 준다.

고인의 사망이 약 한 시간이 흐른 후에야 경찰에 신고가 이루어진 것도 이해할 수도, 용납할 수도 없는 점이다.

시민단체가 원청업체를 고발했다. 철저한 조사와 처벌이 이루어져야 할 것이다.

하청 업체의 안전사고에 원청의 책임을 강화해야 한다는 목소리가 크고, 국회에서는 입법 논의를 진행하고 있다. 늦어서 부끄러울 뿐이다.

한쪽에서는 사고 수습 중인데 다른 쪽에서는 컨베이어벨트가 태연하게 돌아가는 현실은, 비인간성의 극명한 단면이다.

우리 모두가 '김용균'이듯이, 존엄을 잃은 곳이 비단 태안화력발전소와 한국서부발전만일까.

우리 안의 왜곡된 인간성을 철저히 돌아보고 바로잡는 계기가 되어야 한다.

2018. 12. 23.

민주당은 국민에 대한 '갑질 정당'이 되겠다는 것인가

더불어민주당은 '공항 갑질' 김정호 의원을 국토교통위원회 위원에서 사퇴시키지 않기로 했다니, 참으로 안하무인이며 김정호 의원보다 민주당이 더 문제라는 걸 깨닫게 한다.

김 의원이 사과를 하는 데 5일이나 걸렸다는 것도 믿기지 않는다.

반성은커녕 공항 직원 청년에게 잘못을 뒤집어씌우면서 CCTV 공개는 거부했다.

김해신공항 음모론까지 제기하며 문재인 정부에 대한 공격이라고 몰고 가려 했다.

공항 청년의 경위서를 보면 김 의원이 국토위 위원이라는 것을 암사하며 "위협 아닌 위협을 했다"고 한다.

사건이 나고 곧바로 공항 간부가 김정호 의원실로 부리나케 달려가는, 피감기관의 '알아서 기어야 하는' 실상도 봤다.

국토위라는 것이 얼마나 큰 갑질의 도구가 되는지 알 수 있는 것이다.

거꾸로 자신이 갑질을 당했다고 거짓말을 하다 음모론까지 꺼내들고 뒤늦게 사과한 과정을 보아도, 앞으로가 더 걱정이다.

국토위 위원으로 있으면서 공항 청년에게 어떤 보복을 가할지, 얼마나 더 갑질을 할지 알 수 없다.

상황이 이 정도면, 민주당은 김정호 의원을 당연히 국토위 위원에서 배제시켜야 한다. 더욱이 국회의원으로서의 품위 의무와 윤리를 따져야 한다. 그러나 아무것도 하지 않겠다고 한다.

국민의 공분에도 강 건너 불구경만 하는 민주당의 오만함은, 국민에 대한 도리라고는 눈곱만큼도 찾아볼 수 없는 몰염치의 극치다.

민주당 스스로 국민에 대한 '갑질 정당'이 되겠다고 선언하는 것이나 다름없다.

2018. 12. 26.

대통령은 국내 질문 안 받겠다고 하더니, 민정수석은 국회 질문 안 받겠다는 '오만·불통 정부'

'특별감찰반 민간인 사찰' 사건의 책임자인 조국 민정수석이 국회 운영위가 소집되더라도 참석할 수 없다고 하는 청와대발(發) 목소리에 귀를 의심한다.

대통령은 국내 질문 안 받겠다고 하더니, 민정수석은 국회 질문 안 받겠다는 것이, 닮았다. 위가 불통하니 어느새 아래도 불통이다.

문재인 대통령은 경제 실패에 대해, 조국 민정수석은 민간인 사찰에 대해 책임을 통감해야 하는 위치로서 국민의 물음에 당연히 대답해야 한다.

책임은 고사하고 질문조차 허용하지 않겠다는 대응 방식은 '오만·불통 정부'의 표상이다.

사법개혁안 발표 등 폼 잡을 때에는 주무장관인 법무부 장관도 제쳐두고 대신 발표하던 조국 수석, 막상 책임자로서 나서야 할 때 묵비권이나 거론하는 모습이 치졸하기만 하다.

운영위 소집을 거부하는 더불어민주당은 '청와대 방탄'을 위해 국회를 공전시키는 것으로, 민생보다 조국 민정수석 지키기를 의무로 삼고 있다.

운영위 열어봐야 정쟁뿐이라는 홍영표 대표는 여당이 되고 나니 모든 게 정쟁으로 보이는지 묻고 싶다.

행정부를 견제해야 할 국회 본연의 소임을 망각한 여당 원내대표의 발언은 스스로를 '청와대 지구대'로 전락시키는 소치임을 알아야 한다.

2018. 12. 27.

청와대·기재부·더불어민주당은 신재민 전 사무관에 대한 모욕과 겁박을 중단하고, 진실 규명에 나서라

신재민 전 사무관은 사전에 써놓은 유서에서 "나라가 조금 더 나아지고 조금씩 시스템이 개선되기를 바랄 뿐이다"라며, "박근혜 이명박 정부였다 하더라도 당연히 똑같이 행동했을 거"라고 적었다.

신 전 사무관은 자신의 폭로 동기로, "나도 촛불을 들었는데 바뀐 정권도 결국 똑같다"고 밝혔다.

이런 신 전 사무관을 향해 더불어민주당은 "꼴뚜기가 뛰니 망둥이도 뛴다. 응분의 책임이 뒤따를 것"이라는 등 모욕과 겁박을 쏟아내고 있다.

과거 공익제보자에게 상을 수여하고, "내부고발자 보호로 부정부패를 청산하겠다"던 언사들이 무색하기만 하다.

청와대와 기재부도 부인과 변명, 인신공격에 치중하고 있다. 그리고 신 전 사무관을 검찰에 고발했다.

과연 국민들이 어떻게 볼지, 무엇이 온당하다 판단할지는 분명하다.

신 전 사무관의 폭로는 촛불과 신적폐의 싸움이다. 촛불을 지키기 위해 촛불을 농락하고 능멸하는 정권에 대한 저항이다.

우리는 촛불을 계승할 것인가, 적폐를 계승한 신적폐를 방관할 것인가 기로에 있다.

신 전 사무관이 용기를 갖기를 바란다. 고통스럽겠지만 촛불을 들었던 정의감으로 꿋꿋하게 맞서주기를 바란다.

청와대와 정부, 더불어민주당은 신 전 사무관에 대한 모욕을 당장 중지하기 바란다. 더 이상 진실에 재갈을 물리려 하지 말기 바란다.

국회는 당장 기획재정위원회를 소집하여 국민 앞에 진실을 밝혀주어야 한다.

2019. 1. 3.

'정신'을 잃은 국방부장관은 '권위'를 잃었으며, '자격'을 상실하였다

정경두 국방부장관의 망언은 스스로 군인이기를 포기한 처사다.

국민의 군인이 아니라 청와대 눈치 보고 시류에 휩쓸려 가는 '정치군인'임을 스스로 고백한 것이다.

국방부장관으로서 가장 중요한 '정신'을 상실한 것이다.

국민의 생명과 재산을 목숨을 걸고 지키고자 하며, 그 희생을 가장 고귀하게 생각하는 '안보 정신'이다.

나라를 지키는 장병들만은 안보 정신이 투철해야 한다. 장병들을 대표하는 국방부장관만큼은 안보 정신을 놓치면 안 된다. 다 해이해도, 군인은 그렇지 않아야 한다. 군인만은 철두철미해야 한다.

그것이 국민들의 마지막 보루고 믿음이다. 그것이 장병다운 것이며 국방부장관다운 것이다.

정경두 장관의 망언을 듣고, 천안함에서 극적으로 생환한 장병은 너무 분하다고 했다. 왜 목숨을 바치면서 군대를 갔을까 큰 회의감이 느껴지더라고 했다.

'정신'을 잃은 국방부장관은 국방부장관으로서의 '권위'를 잃었으며, 그 자리에 앉아있을 '자격'을 상실하였다.

정경두 장관은 6.25 희생자를 비롯한, 북한의 숱한 도발로 인한 수많은 희생자, 천안함과 연평도 희생자 및 유족 그리고 오늘 이 순간에도 목숨 걸고 국방의 의무를 다하고 있는 국군 장병들에게 머리 숙여 사죄해야 한다.

2019. 1. 3.

'피꺼솟' 민주당은, 사과하고 징계하고 청문회 응해야

더불어민주당이 신재민 전 사무관의 심신 안정과 건강을 걱정하는데, 이것이 진심이라면 패륜적 망언을 하고도 자중과 반성조차 모르는 손혜원 의원을 당장 징계해야 할 것이다.

신 전 사무관이 미리 써놓은 유서를 한 번이라도 살펴봤다면 민주당은 당장 청문회를 개최해야겠다고 생각할 것이다.

신 전 사무관은 자신의 말을 들어주기는커녕 오히려 모함하는 것에 크게 실망하고 극단적인 방법이면 믿어줄 거라 말하고 있었다.

야당의 기재위 소집 요구가 신 전 사무관을 "두 번 죽이는 꼴"이라고 하는 홍익표 수석대변인은 "꼴뚜기가 뛰니 망둥이도 뛴다. 응분의 책임이 뒤따를 것"이라고 했던 것부터 사과해야 한다.

이외에도 민주당이 신 전 사무관을 향해 앞 다투어 쏟아냈던 망언들은 셀 수가 없을 지경이다.

그 정점에 손혜원 의원이 놓였던 바, 민주당은 자신을 반성하고 신 전 사무관에게 사과함은 물론, 반성은커녕 '양아치 짓'이라는 3차 가해까지 서슴지 않는 손 의원은 일벌백계로 다스려야 한다.

시중에는 '피꺼솟 분노'가 민주당의 대명사가 되고 있다.

망언으로 피가 거꾸로 솟아오르게 하더니 이제는 '몰염치'가 두 번 피꺼솟하게 한다.

누가 누구를 걱정하는가. 일말이라도 진심이 있다면 당장 사과하고, 청문회 개최에도 즉각 응해야 할 것이다.

2019. 1. 6.

대통령의 '내로남불', 공익제보자는 없다

야당 정치인이었다면 공익제보자 보호했을 것 아닌가 하는 질문에 대통령은 '자기가 한 것', '좁은 세계관'이라고 했다.

그러면서 '수사로 가려질 것', '국민을 걱정시키는 행위'라고 각각 평했다.

문재인 대통령이 야당 시절 공익제보자를 얼마나 추켜세웠는지는 국민들이 다 알고 있다.

대통령은 공익신고자 보호 강화를 100대 국정 과제에 포함하였다.

'내로남불'의 태도를 보일 것이라고 예상은 했지만, 대통령이 조금은 책임을 느끼고 조금은 다를 줄 알았던 게 결국 국민들의 큰 오산이었다.

국민들이 듣고 싶은 것은 '수사 가이드라인'이 아니다.

지난 연말 국회 운영위에 억지로 나오던 조국 민정수석의 일성(一聲)은 '삼인성호(三人成虎)'였다. 그러나 국민들이 본 것은 '삼인무호(三人無虎)'였다.

"세 사람이 입을 맞추면 없는 호랑이도 만들어낸다"고 했지만, "세 사람이 잡아떼면 있는 호랑이도 없어진다"는 것을 확인했다.

임종석 전 비서실장과 조국 수석만 '잡아떼기'를 잘하는 줄 알았다.

대통령마저 '자기가 한 것'이라 덮어씌우고, '좁은 세계관'이라 매도하면, 공익제보자는 영원히 나올 수 없다.

2019. 1. 10.

'드루킹 게이트' 선고, 법원의 합리적이고 상식적인 판단을 바란다

'드루킹 게이트'의 중심 고리로 지목된 김경수 경남도지사에 대한 선고일이 다가오고 있다.

김 지사는 사건의 실체적 진실이 1심 선고에 반영될 것이라며, 유리한 결과를 낙관했다.

진정 실체적 진실이 1심 선고에 반영되기를 바란다. 진정 그렇게 된다면, 결과는 김 지사의 희망과는 정반대가 됨이 정한 이치(定理)라는 게, 상식을 가진 보통 국민들의 판단이다.

드루킹 게이트는 있을 수 없는 '민주주의에 대한 유린' 범죄이다. '킹크랩'을 이용한 드루킹의 댓글 조작은 '국정원 댓글 조작'보다 규모나 영향력 면에서 훨씬 파괴적이었다. 언론은 국정원이 초등학생 수준이면 드루킹은 대학원생 급이라고 비유했다.

많은 정황들은 드루킹 측이 2017년 대선 당시 '문재인 후보 캠프'와 깊은 관계가 있을 것으로 보게 했다.

후보의 부인이 굳이 "경인선에 가자"며 애를 태우는 장면을 예사롭게 볼 사람은 없다.

드루킹은 문재인 후보 수행팀장이었던 김경수 지사에게 둘만의 비밀 메신저로 무려 80,000건의 보고를 올렸다고 했다. 김 지사의 주장처럼 이를 지지자와의 소통 정도로 볼 사람 역시 없다. 지지자와 비밀 텔레그램으로 소통하는 정치인이 어디 있는가.

드러났듯이 드루킹 조직은 여느 '사조직'과는 비교가 되지 않은 조직력과 활동력을 보여주었다. 어마어마한 돈을 써가며 일사불란한 지휘 체계 속에서 대규모 여론 조작을 실행에 옮겼다. 검찰은 기사 7만 6,083개에 달린 댓글 118만 8,866개를 대상으로 8,840만 1,214회의 공감 혹은 비공감 클릭 신호를 조작했다고 적시하고 있다.

지지율이 하루가 다르게 교차하는 치열했던 대선 당시를 떠올리면, 네이버 검색어와 기사 댓글 등의 여론 조작만으로도 얼마나 큰 영향을 줄 수 있는지 능히 짐작할 수 있다.

드루킹 게이트는 이미 많이 축소되어있는 상황이다. 애초 김 지사의 죄를 따지는 선에서 그칠 사안도 아니었다.

검찰와 경찰의 축소 은폐로 증거 인멸의 시간이 충분히 주어졌고 그 배후에 백원우 민정비서관이 존재한다는 의혹은 그냥 덥히고 말았다.

대선 당시 과연 어느 정도 선까지 보고되고 연루된 것인지는 아예 접근조차 못 했다.

특검 출범 후에도 더불어민주당은 온갖 협박과 겁박으로 '수사 방해자'의 역할을 톡톡히 했다. '특검의 불법 행위'라며, 진행 중인 특검을 상대로 '책임을 묻겠다'는 엄포를 밥 먹듯이 했다.

수사 내내 김경수 지사는 반성은커녕 '투사 코스프레'로 화답했다. 큰 소리치며 주먹을 흔들었고, 지지자들은 그를 향해 장미꽃을 흩날렸다.

국민들은 많은 정황들이 실체적 진실을 정면으로 말해주고 있다고 본다. 부인(否認)과 '몰랐다'는 말만 되풀이하는 김경수 지사를 믿을 수 없음은 자명하다.

드루킹은 문재인 대통령과 김경수 지사가 자신들을 '철저히 배신했다'고 진술했다. 드루킹과 회원 10명이 구속되었다. 드루킹 측만 유죄가 되고 김경수 지사는 무죄가 된다면 결과적으로 그 '배신'이 보기 좋게 성공한 셈이 된다.

모든 것은 법원이 판단할 것이다.

민주주의 유린 범죄는 단호하게 죄를 물어야 한다. 다시는 대통령 선거 시기 이런 행태가 반복되어서는 안 된다.

살아있는 권력에 사법부만큼은 휘둘리지 않기를 바란다. 오로지 법과 원칙 그리고 합리와 상식에 입각해 법원이 판단해주기를 바란다.

2019. 1. 16.

5년도 길다

더불어민주당 이해찬 대표가 지겹지도 않은지 '20년 집권론'을 또 꺼냈다.

이 대표는 "우리가 만들었던 정책이 무너질 때는 1, 2년밖에 안 걸리더라"며 "20년도 짧다고 본다. 더 할 수 있으면 해야 한다"고 말했다.

착각은 자유라지만 여당 대표의 이런 말을 듣고 있는 국민들은 참 분통터진다.

지금 국민들은 '5년 집권도 길다'고 느끼고 있다.

경제 실패로 일자리가 사라지고 집값이 폭등해 살 집이 없어지는 데

'1, 2년밖에 안 걸렸다'.

공직기강이 무너지고 여당이 도덕적 파탄을 맞는 데 '1, 2년밖에 안 걸렸다'.

촛불로 세운 정권에 대한 국민의 기대가 실망을 넘어 절망으로 바뀌는 데 고작 '1, 2년밖에 안 걸렸다'.

도대체 이 정권은 집권해서 어떤 성과를 보여주었는가? 아니면 일말의 희망이라도 보여주었는가?

이념에 사로잡혀 자기만 옳다는 정치, 자기 편·자기 사람만 챙기는 정치를 벗어나는 것만이 대통령이, 여당이 그리고 국민이 더 이상 불행하지 않을 수 있는 유일한 방법이다.

자기만 옳다는 정치가 5년도 채우기 힘들다는 사실을 이미 경험해보지 않았는가?

청와대에 있는 산은 '적폐청산'이고 그 안에 '불법사찰'이라는 절이 있으며 그 절에는 '내로남불'이라는 불상이 있다는 '웃픈' 소리가 널리 퍼져 있다.

'촛불 국민'들은 '노무현 정부 시즌 2'인 줄 알고 실망하다가 '박근혜 정부 시즌 2'가 되겠다는 사실을 깨달으며 절망하고 있다.

5년도 참 길다.

2019. 1. 16.

사법농단 서영교 의원의 국회 윤리위 징계와 검찰 수사 당장 진행해야 한다

더불어민주당 홍영표 원내대표는 손혜원 의원에 대해서는 투기가 아니라고 결론내면서 동시에 서영교 의원에 대해서는 법사위에서 관행적으로 이루어졌던 것이라고 했다.

그동안 이해찬 당 대표가 사안마다 취해온 조치 등을 통해 여당인 민주당의 도덕관념이 땅바닥인 것은 진즉에 알았지만, 홍영표 원내대표의 발언까지 접하니 자정 작용도 어려운 구제 불능 상태가 아닌가 생각된다.

여당 원내대표가 국회의원의 재판 청탁을 관행이라고 두둔하고 있는 모습은 참으로 믿기 어려운 장면이다.

홍 원내대표의 도덕관념이 이러니 소속 의원들의 관념은 따져 무엇할까 싶다.

더욱이 홍 원내대표의 발언은 국회의원 전체를 농락하는 것이며 전체의 명예를 실추시키는 것이다.

과연 법사위 위원으로서 재판 청탁을 관행적으로 한 것이 사실이라면 당사자들 전원이 국회의원직을 내려놓아야 할 것이며, 만약 그게 사실이 아니라면 홍영표 원내대표가 당장 원내대표는 물론 의원직까지 사임함이 마땅할 것이다.

어떻게 이렇게 '춘풍추상(春風秋霜)'을 거꾸로 쓸 수 있는지, 상대에게는 추상(秋霜) 같은 잣대가 본인들에게는 춘풍(春風) 같기만 한가.

사상 초유로 대법원장에게 구속영장이 발부되는 등 사법농단 사태에 대한 국민적 실망이 크다.

사법농단의 전모를 한 점도 남김없이 밝혀내 처리함으로써 다시는 불미스러운 사태가 재발하지 않도록 엄단해야 할 책임에서 국회도 자유롭지 않다.

서영교 의원은 국회 법사위 위원으로 4년간 있으면서 사법부의 일탈을 감시하고 막지 못한 책임을 느껴야 하는 장본인이다. 그런데 정반대로 본인이 바로 사법농단의 당사자임을 드러내고 말았으니 국민들은 참으로 어처구니가 없다.

임종헌 전 차장의 공소장에 적시된 '재판 거래' 당사자로서, 사법부는 기소하면서 서 의원은 내버려둔다면 공명정대한 법집행이라고 할 수 없다.

국회는 당장 윤리특별위원회를 개최해 서영교 의원을 징계해야 한다.

국회를 통째로 보이콧하고 있는 더불어민주당의 홍영표 원내대표는 자신의 허언을 주워 담기 위해서라도 당장 국회 의사 일정에 협조하고 서 의원의 일벌백계에 동참해야 할 것이다.

또한 검찰은 더 이상 미온적 태도를 중단하고 서 의원에 대한 사법농단 수사를 본격적으로 진행해야 할 것이다. 여권 실세의 사법농단은 그저 봐주고 넘어간다면 하물며 사법부 수장의 구속영장 청구인들 어떻게 영(令)이 서겠는가.

2019. 1. 18.

국민이 궁금해하면 청와대는 성만 내는가

국민을 상대로 성을 내는 듯한 청와대의 반응은 참으로 당황스럽다.

문재인 대통령 가족에 대한 궁금증을 가졌다고 질책을 받을 거라 국민들은 생각하지 않는다.

대통령의 가족에 대해 청와대는 국민 세금으로 경호를 하고 있으니 공적인 대우를 하는 것이고, 특이 사항에 대해서는 국민들도 응당 걸맞은 의문을 가질 수 있다.

야당의 의혹 제기에, 사안에 따라 반발할 수도 있고 법적 조치도 할 수 있을 것이다. 그러나 청와대의 반응은 지나치다.

가족의 안위를 위태롭게 한다는 것도 과장과 엄살이 심하다. '테러 위협'이니 하는 말도 청와대가 할 말인지 의아하다.

청와대는 늘 이렇지 않았나. 때마다 무섭게 반발하고 법적 조치부터 들고 나오는 게 한두 번이 아니다.

그러면서 국민들이 궁금해하는 직접적인 사안에는 늘 성의 있는 대답을 주지 않는다.

민주 국가의 대통령다운 태도인지 돌아보아야 한다.

번번이 '시원하게' 성만 내는 청와대를 보는 게 국민들은 참 불편하다.

국민이 알고 싶고 듣고 싶은 대답도, 분명하고 '시원하게' 좀 해주기 바란다.

2019. 1. 30.

민주주의에 '먹칠'을 삼가라

박근혜 정부 블랙리스트는 블랙리스트고 문재인 정부 블랙리스트는 블랙리스트가 아니라는 청와대의 말은 상식적으로 납득이 되지 않는다.

블랙리스트도 나쁜 블랙리스트가 있고 착한 블랙리스트가 있다는 말을 하고 싶은 것인가.

아니면 블랙리스트도 '귀에 걸면 귀걸이 코에 걸면 코걸이'라 말하고 싶은 것인가.

국민을 우롱하는 것이다.

'먹칠'을 삼가달라고 했는데 청와대야말로 민주주의에 먹칠을 삼가주기 바란다.

민주주의는 고무줄이 아니다. 민주주의에 '내로남불'은 없다.

남이 하면 '블랙리스트'이고 자기가 하면 '체크리스트'란 말에 할 말을 잃을 뿐이다.

결국 오늘 청와대가 한 말은, 청와대가 블랙리스트 작성과 관리를 지시했음을 시인한 것이다.

임명권자가 대통령이라, 블랙리스트를 만들어 '일상적으로 감독하는 것은 너무도 정상적인 업무절차'라는 말을 한 꼴이다.

언론을 향해 신중을 기해달라는 협박이 참으로 후안무치하다.

청와대는 오늘의 시인과 인정에 책임질 준비를 하기 바란다.

2019. 2. 19.

검찰은 '촛불'의 기준으로 청와대를 포함해 철저히 밝혀주기 바란다

청와대는 자료를 보거나 보고받은 적 없다고 했다가 그다음 할 말이 없다고 했다가, 그다음 체크리스트라며 '먹칠'을 삼가달라고 했다.

몇 가지가 분명해졌다.

첫째, 청와대는 그동안 거짓말을 했다. 둘째, 청와대가 스스로 '몸통'임을 자백했다. 셋째, 환경부에만 '찍어내기 체크리스트'를 만들고 '표적 감사'를 지시했을 리가 없다는 사실을 스스로 고백한 것인바, 모든 체크리스트와 그 진상을 낱낱이 밝힐 의무를 안게 되었다.

김태우 전 수사관은 청와대가 330개 기관 660여 명에 대해 리스트업을 했다고 했다.

청와대는 임명권자가 대통령이기에 인사수석실이 지휘하는 것은 정상적인 업무 절차라고 한다.

검찰은 이미 확보한 자료와 공무원들의 진술에 기초해 신속히 청와대를 수사해야 할 것이다. 또한 청와대 인사수석실이 '정상적으로 업무 처리'했을 것으로 보이는, 환경부만이 아닌 전 부처 모든 체크리스트 작업에 대해 조사해야 할 것이다.

청와대가 발끈하고 여당은 '초대형 뻥튀기'라고 하니 다 드러내놓고 국민들과 법의 판단을 받는 수밖에 없다.

검찰도 청와대의 말이 결과적으로 '수사가이드라인'이 되지 않도록 철저히 밝혀주기 바란다.

명색이 '촛불 정부'라면서 심각한 '자기 부정'을 서슴지 않는 청와대를 보며 참담함을 금할 수가 없다.

지난 정부 블랙리스트 파문을 통해 우리 국민들이 인식하고 세운 기준이 있다.

문재인 대통령은, "민주주의 근간을 유린한 국가폭력"이라고 했다.

전 정부의 청와대 인사들과 정부 관료들이 줄줄이 실형을 받고 감옥에 가있다. 수십 명의 공무원들이 수사 의뢰되고 징계를 받았다.

사퇴할 때까지 무기한 감사를 하고 거부 시 고발 조치하며 당사자가 사퇴하지 않으면 관련 부서 직원들에게 책임 추궁한다는 내용이, '폭력'이 아니면 무엇인가.

촛불을 유린하는 이율배반과 자기 부정을 제발 멈춰주기 바란다. 과연 촛불로 세운 나라가 맞는가.

2019. 2. 21.

고작 2년 만에, 국민을 성난 호랑이가 되게 하는가

'대통령 탄핵 가결'이라는 헌정 사상 초유의 사태를 겪은 지 2년이 되었다.

당시 헌법재판소는, 헌법이 공무원을 '국민 전체에 대한 봉사자'로 규정하여 공무원의 공익실현의무를 천명하고 있음을 지적하였다.

공무원으로서의 대통령의 지위와 권한이 오로지 국민의 이익을 위해 사용되어야 한다는 것이다.

바른미래당은 문재인 정부 1년 10개월 동안 공공기관 임원에 임명된 낙하산·캠코더 인사가 434명에 달한다는 전수 조사 결과를 발표했다.

환경부 '찍어내기 블랙리스트'를, 청와대는 처음에는 보거나 보고받은 적 없다고 하다가 나중에는 대통령의 인사권을 위한 '체크리스트'라고 강변했다.

청와대의 논리와 전수 조사 결과의 '퍼즐'을 맞춰보면, 결국 '채용 비리 체크리스트'를 만들어놓고 한쪽에서는 찍어내고 한쪽에서는 낙하산을 무차별 투하한 의심을 지울 수 없다.

대통령이라는 공무원의 지위와 권한이 국민의 이익이 아니라 '내 사람'의 이익을 위해 남용되어서는 안 된다는 헌법재판소 탄핵 취지가 무색하다.

한 예에 불과하다.

대통령 탄핵은 초유의 사건이었고, 진통을 수반했다.

헌법재판소는 "보수와 진보라는 이념의 문제가 아니라 헌법질서를 수호하는 문제로 정치적 폐습을 청산하기 위하여 파면 결정을 할 수밖에 없다"고 했다.

정치적 폐습은 과연 청산되었는가. 폐습은 그대로인데 사람만 바뀐 것인가.

아니면 그 진통에도 불구하고 도리어 폐습이 더 깊어진 건가.

지금 국민들은 혼란스럽기만 하다.

그래서 한쪽에서는 탄핵 부정 세력이 활개를 치고, 한쪽에서는 슈퍼 '내로남불'이 활개를 친다.

작든 크든 잘못을 해서는 안 되는 것이며, 잘못을 했으면 누구를 막론하고 벌을 받아야 한다. 그것이 위정자를 향한 '촛불 정신'이고 '탄핵 정신'이다.

탄핵 2주년에 촛불 정신과 탄핵 정신은 과연 올바로 구현이 되고 있는지 심각한 회의를 던지지 않을 수 없다.

하루하루 생업에 전념하기에도 고단한 국민들을, 고작 2년 만에 다시 성난 호랑이가 되게 하고 있다.

희대의 '내로남불 세력'도 '탄핵 부정 세력'도, 다 집어삼켜야 정신을 차릴 텐가.

2019. 3. 9.

유시민 이사장은
'노무현' 이름 내리고 방송하기 바란다

참으로 자제나 성찰을 모르는 이다.

'조국 출연' 비판에 대해, 유시민 노무현재단 이사장이 자신의 방송은 정치비평이고 한 시민으로서 언론과 표현의 자유를 행사하는 것뿐이며, 국가정책과 사회이슈에 대한 정보 제공이 목적이라며 '못 받아들이겠다'고 한다.

말은 청산유수지만, 유 이사장의 설명에 동의할 사람은 많아 보이지 않는다.

유 이사장이 출연시킨 사람들은 문정인 특보, 이종석 전 통일부 장관, 김현미 국토부 장관, 정태호 일자리수석, 조국 민정수석, 박주민 최고위원 등이다.

이 사람들 말을 들으며 맞장구치고 더 편향된 의견을 덧붙이기를 주저하지 않는 유 이사장의 방송을 보며 국민들 중 누가 정보제공 목적 정도로 보겠는가.

'여권 편향 소리통'임은 삼척동자도 안다.

국민들의 공분이 들끓었던 손혜원 의원 건도 보도량을 비교한다며 교묘하게 두둔하고 물타기를 했다.

그런데 유 이사장이 이 방송을 노무현재단의 이름으로 하고 있다는 사실이다.

국민들은 노무현재단이 노무현 전 대통령의 철학과 정신을 기리고 계승하기 위한 단체라 알고 있다.

'노무현'이라는 이름을 빌어 친여권 선전 방송을 하고 있는 것이 과연 적절하다 할 수 있을까.

노무현 전 대통령을 '국민 전체'가 좋아하도록 확장하지는 못할망정 반대로 '특정 세력'으로 좁히고 있다.

화려한 친여고위인사가 줄을 잇는 유 이사장의 편향 방송 앞에서, 평소 소박함을 추구하고 정파를 초월하자고 했던 노무현 전 대통령의 모습은 참 무색하게만 느껴진다.

유 이사장이 개인으로 무엇을 하든 상관없다. 표현의 자유든 언론의 자유든 정보 제공이든 마음대로 해도 좋다.

적어도 '노무현' 이름으로는 알맞고 걸맞은 처신을 해야 할 것이다.

급기야 엊그제는 "한국당을 탄핵해야 한다"고 맞장구를 쳤다. 자유한국당이 잘하는 게 없다고 치더라도 이 정도면 선을 넘은 막말이다.

'노무현' 이름 내리고 '아무 말 잔치'를 하기 바란다.

알릴레오가 아니라 국민 눈을 가리는 '속일레오'를 하든 국민 편 가르는 '편가를레오'를 하든 상관없다.

2019. 3. 16.

청와대 '헌법 수호 의지' 있는가

검찰이 김은경 전 환경부 장관의 구속영장 청구서에 청와대 신미숙 비서관의 공모 사실을 적시한 것으로 알려졌다.

청와대가 사건의 당사자임은 물론 '지시자'이고 김 전 장관은 '실행자'에 불과하다는 것이 검찰의 판단이다. 이는 국민들의 판단과 다르지 않다.

청와대가 김 전 장관의 구속영장실질심사를 앞두고 사실상의 '가이드라인'을 제시한 것은 자숙해야 할 공범이 재판부를 압박한 꼴이다.

헌법재판소는 박근혜 전 대통령 탄핵결정문에서 "국회와 언론의 지적에도 불구하고 오히려 사실을 은폐하고 관련자들을 단속해왔"다며, 이를 통해 "법 위배 행위가 반복되지 않도록 할 헌법 수호 의지가 드러나지 않"는다고 밝혔다.

문재인 청와대는 과연 헌법 수호 의지가 있는가.

'내첵남블'이라는 말도 나왔다.

'문화계 블랙리스트' 건으로 김기춘 전 청와대 비서실장이 징역 4년, 조윤선 전 문화체육관광부 장관이 징역 2년을 받았다. 그 외 공무원 10명 수사 의뢰 및 68명 징계 조치 등이 있었다.

'사표 강요 혐의'로 김기춘 전 실장을 비롯해 김종덕 전 문화체육관광부 장관과 김상률 전 대통령교육문화수석 등이 형사 처벌 받았다.

재판부의 판단 이전에 청와대 스스로, 법 위배 행위가 반복되지 않도록 할 헌법 수호 의지가 있는지 대답해야 한다.

2019. 3. 25.

경제 위기, 대통령이 잘못된 신호 주고 있나

생산·투자·소비 '트리플 마이너스'에 심각함 느껴야 한다.

설비투자는 무려 26.9%나 급감했으며, 금융위기 이후 10년 만에 최대폭이다.

경기 흐름을 나타내는 동행지수 순환 변동치는 외환위기 이후 20여년 만에 11개월 연속 하락하고 있고, 경기를 예고하는 선행지수는 9개월 연속 떨어졌다.

'경제가 견실하다'던 대통령의 '별나라' 발언이 새삼스럽다. 덩달아 기획재정부도 '지표가 개선되고 있다'고 했다.

문재인 정부 경제 사령탑이었던 장하성 정책실장과 김동연 전 부총리가 물러갔지만 현실 인식과 정책 기조가 바뀌지 않는 걸 보면 결국 대통령이 주변에 잘못된 신호를 주는 탓이 아닌가 한다.

빈곤한 철학과 빈약한 인식 그리고 불통에 옹고집 때문이다.

그러지 않고서야 이렇게 '현실 괴리'가 '고정 불변'일 수가 없다.

장하성 실장의 '지록위마(指鹿爲馬)'가 '윗사람을 농락한' 게 아니라 '착각에 빠져 고집하는' 대통령의 '수주대토(守株待兎)'에 참모와 관료들이 속절없이 끌려가고 있는 게 아닌가 싶다.

'최저임금의 긍정효과가 90%', '물 들어올 때 노 저어라', '홍보가 부족하다' 말하던 대통령은 급기야 '국가 경제는 견실한 흐름을 유지하고 있다'며 '놀라운 일관성'을 유지하고 있다.

대통령은 올 신년사에서 "경제성장의 혜택이 소수의 상위계층과 대기업에 집중"되는 것이 문제라고 진단했다.

그러나 현실은 가장 하위 계층이 가장 고통을 받고 있고, 이는 오히려 문재인 정부 들어 가장 극심하다.

입맛대로 갈아치운 통계청장이 내놓은 지표라도 제대로 보기 바란다. 공인된 세계기구와 국내외 연구소의 경고만큼은 있는 그대로 수용하기 바란다.

최소한 대통령의 말과 현실 지표가 다르면 심각함이라도 느끼기 바란다.

2019. 3. 31.

중차대한 국면에 비판세력을 낙인찍는 대통령

4월 첫날 청와대에서 나온 문재인 대통령의 발언이 심히 유감스럽다.

대통령은 "일부에서는 한·미 동맹 간 공조의 틈을 벌리고, 한반도 평화 물길을 되돌리려는 시도가 있다"고 말했다. "남북미 대화 노력 자체를 못마땅히 여기고, 갈등과 대결의 과거로 되돌아가려 한다"고 했다.

한반도 평화와 안보는 국론을 모으는 것이 무엇보다 중요하다. 특히 2차 북미정상회담 이후 교착 국면에다 11일 한미정상회담을 앞두고 있는 상황이다.

이런 때 굳이 비판세력을 '반평화세력'으로 매도하고 '수구세력'으로 몰아가는 등 대결적 언사를 서슴지 않는 대통령의 저의는 도대체 무엇인가?

대통령은 약 한 달 반 전 수석·보좌관 회의에서도 "심지어 적대와 분쟁의 시대가 계속되기를 바라는 듯한 세력도 적지 않다"는 발언을 했다.

모두가 한반도 평화를 원하고 있고 다만 그 방법과 방향에서 차이가 있을 뿐이다. 적대와 분쟁의 시대를 원하는 사람은 그 누구도 없다.

더욱이 평화 안보와 관련된 중대 사안에 대통령이 국민들을 편 갈라 놓는 발언은 결코 어울리지 않고 해서도 안 된다.

이런 발언은 문정인 특보나 다른 참모들이 해도 비판받아 마땅할 것이다. 그런데 국가 통치와 군 통수권의 최정점에 있는 대통령이 '분쟁과 평화의 이분법'으로, 비판세력을 분쟁 세력으로 낙인찍으며, 국민 편 가르기의 '전사'로 나서는 게 과연 온당한 모습인가.

대통령은 북한에 대해서는 끝없는 '미소'를 띄우며, 국내 비판에 대해서는 지나치다 싶을 정도의 대결적 언어조차 아낌이 없다.

결국 대통령의 이 같은 태도는 그대로 부메랑이 될 것이다.

반대 세력과 싸우는 대통령이 아니라 국민 전체를 보고 중지를 모아 나가는 대통령이 되기를 바란다.

대통령의 말처럼 한반도 평화가 그렇게 손쉽게 달성되는 여정이 아니다.

2019. 4. 1.

'보훈농단' '국민 모욕' 손혜원 의원은 국회의원 자격 없다

손혜원 의원이 부친의 유공자 선정 과정 특혜 의혹과 관련, 국민들의 비판에 "니들 아버지는 그때 뭐 하셨지?"라는 막말을 내뱉었다.

스스로의 행위가 진정 자신의 부친에 대한 명예에마저 누를 끼치고 있음을 모른 채 국민들에 대한 모욕까지 서슴지 않는 손 의원은 국회의원으로서의 최소한의 품위를 상실했으며, 자격을 잃었다.

국회 윤리특위는 손 의원의 '국민 모욕 막말'을 추가해 신속히 절차를 밟아야 할 것이다.

손혜원 의원에 대한 '특혜 행정'을 펼친 보훈처에도 엄중한 책임을 물어야 한다.

직접 손 의원을 찾아간 피우진 처장은 사퇴함이 마땅하다.

피 처장은 전례가 있다고 했지만, 없었다.

오직 손혜원 의원만을 위한 친절한 '출동 서비스'였다.

피 처장이 손혜원 의원을 찾아가 '유공자 심사 수정 기준'을 사전 제공하고, 이후에도 보훈예우국장이 두 차례 더 찾아간 보훈처다.

좌익 경력의 재심신청자 중 유일하게 선정이 되었다. 결과적으로 출동 서비스는 '맞춤형 서비스'였던 셈이다.

명백한 '보훈농단'이다.

여당 의원에 영부인의 '절친'이 아니라면 불가능한 일이라는 우리 당 이태규 의원의 문제제기에 국민들은 고개를 끄덕인다.

후손의 권세에 따라 유공자 여부가 결정되는 나라는 나라가 아니라는 국민의 원성이 하늘을 찌른다.

손혜원 의원에 대한 '전례 없는 특급대우'는 '전례 없는 보훈기만'이다. 나라를 위해 헌신하신 분들과 국민을 기만한 처사다.

신성한 보훈 영역마저 특권과 특혜가 통하는 현실에 유공자와 후손 그리고 국민들은 분노한다.

손 의원 수사와 관련 더디기만 한 검찰의 행보에도 의문이다. 검찰은 신속히 수사를 마무리 짓고, 정도와 정의를 바로 세워야 할 것이다.

2019. 4. 4.

김연철·박영선 청문보고서 관련

김연철 통일부 장관 후보자와 박영선 중소벤처기업부 장관 후보자는 불가함을 재차 확인한다.

김연철 후보자는 결격 사유의 심각성으로 인해, 박영선 후보자는 결격 사유는 물론이거니와 스스로가 청문회를 파행으로 만듦으로써, 청문보고서 논의 자체가 불가능함을 일찌감치 밝힌 바 있다.

문재인 대통령은 야당이 이 두 후보자의 불가함을 가장 강력하게 표명하였음에도 불구하고 거꾸로 이 두 후보자는 반드시 살린다는, 속이 뻔히 드러난 '코드 살리기' 계획을 계속해서 밀고 나가고 있다.

박영선 후보자는 본인에게 제기된 의혹들에 대해 해명이나 설명은 고사하고 무시와 침묵으로 일관하고 있으며, 추가적인 흠결 의혹도 계속해서 이어지고 있다.

이른바 'CD쇼'의 '꼼수 반전'이 결과적으로 '자폭 반전'이 되어버린 '42만원' 허위 적시에 대해, 박 후보자는 정치자금법 및 선거법 위반 조사부터 받고 와야 할 것이다. 역시나 추가적으로 확인되고 있는 허위 회계보고들도 마찬가지다.

만일 김연철 후보자를 통일부 장관으로 임명 강행한다면 이는 가뜩이나 불안한 한반도 평화에 먹구름을 몰고 올 것이 뻔하다.

품위라고는 찾아볼 수 없는 최악의 막말꾼에 희롱꾼·조롱꾼이 장관에 등극하는 부끄러운 처사가 될 것이다.

8번의 다운계약서와 세금 탈루의 기록을 가지고 장관이 된 경우는 역시 기억나지 않는다.

편향되고 무능한 통일부 장관으로 인해, 한미 동맹 홀시는 더 노골화될 것이고, '북한에 끌려가기'와 문재인 대통령의 조급증은 가히 통제불능이 될 것이다.

문재인 대통령과 집권 여당은 이미 난망한 청문보고서 채택 압박으로 '마이웨이'할 것이 아니라, 부글부글 끓는 민심을 제대로 읽고 민심의 요구에 부응하는 '새 카드'를 신속히 찾고 마련함이 현명할 것이다.

2019. 4. 6.

문재인 정부의 '신공안탄압' 믿기지 않을 지경이다

문재인 정부가 시대착오적인 '신공안탄압'을 자행하고 있어 믿기지 않을 지경이다.

북한 김정은 위원장을 패러디해 작성한 대자보(大字報)를 붙였다고 민간인 사찰을 하고 압수수색영장도 없이 주택에 무단 진입했다고 한다.

"이런 대자보를 붙이는 것이 국가보안법 위반이 될 수 있다"고 했다는데 참으로 황당한 협박이다.

북한 김정은 위원장을 패러디한 것이 국가보안법 위반이라면 이 정부의 공안기관은 언제부터 국가 안보의 목표를, 북한에서 이야기하듯이 '최고 존엄' 사수로 하고 있는 것인지 궁금하다.

아무리 남북관계를 잘해보려 한다지만 표현의 자유라는 헌법 가치가 살아있는 선진국가에서 이런 식으로까지 퇴행적 행태를 보여야 한다면, 이 정부의 사고방식이 참으로 심각한 지경에까지 이르고 있다고 보지 않을 수 없다.

대자보를 붙인 단체는 문재인 정부하에 과거 80년대 '전대협'을 주도했던 사람들이 대거 포진한 것을 풍자하기 위해 단체 이름도 '전대협'으로 지은 것 같다.

80년대 '전국대학생대표자협의회'에 소속되어 학생운동을 주도했던 인사들이, 대자보 붙인다고 80년대에나 볼 법한 공안탄압을 자행하고 있으니 참으로 세상이 어떻게 돌아가는지 모를 일이다.

풍자가 정녕 풍자가 아닌 현실이라는 것을 스스로 입증하고자 하는 것인지 이해하기 어렵다.

민주노총이 온갖 불법 폭력을 일삼아도 쩔쩔매는 공권력이, 힘없는 시민단체의 대자보에는 국가보안법을 들먹이며 겁을 주고 있다. 문재인 정부는 시대착오적이고 후진적이며 반민주적인 행태를 당장 중단하고, 관련자를 즉각 문책해야 할 것이다.

2019. 4. 15.

이미선 옹호, '우기는 자 전성시대'라지만…

이미선 후보자를 옹호하는 여권의 인식이 국민들을 더욱 실망시키고 있다.

국민들이 결격 사유라고 생각하는 바에 대한 정정당당하고 성의 있는 해명이라기보다는 동문서답과 우격다짐만 있고, 심지어는 국민들에 대한 모욕도 아무렇지 않게 하고 있다.

당 원내대표를 했던 우상호 의원은 '저보다 부자니까 기분 나쁘다는 것 아니냐'는 모욕적 언사를 서슴없이 내뱉었다. 그것이 '국민 눈높이'라고 한다.

이해찬 당 대표는 '자본주의를 심각하게 부정하는' 것이라고 한다. 더불어민주당발(發) 발언치고는 참 생소하다.

이 후보자의 남편은 입에 담을 수 없는 욕설과 막말을 업계 종사자의 참고할 만한 글이라며 공유하고 있다. 헌법재판관은 이미 포기한 것 같다.

야당이 금융위원회에 조사를 의뢰하고 검찰에 고발한 내용 등에 대해서는 납득할 만한 해명을 찾아볼 수 없다.

'유정 버핏'이라 불렸던 이유정 헌법재판관 후보자도 펄쩍 뛰기는 마찬가지였지만 결국 검찰에 의해 기소되었다. 국민들이 '미선 로저스'를 보는 시각도 다르지 않다.

이 같은 인식은 여론조사를 통해서도 확연하게 나타나고 있다.

국민들은 이 정부에서 논란이 되는 사안들마나 그 우격다짐에 피로감이 이만저만이 아니다.

우기고 맞서면 다 된다 생각하는 것 같다.

그러는 사이 법도, 도덕도 그리고 '국민 공감'도 다 묵살이 된다. 품격과 상식은 사라지고 '살아남는 자가 정의가 되는' 이판사판만이 판을 친다.

'우기는 자 전성시대'라지만, 국민에 맞서는 권력의 행패다. 평범하고 선량한 사람은 언제까지 두고 보고, 당하고 있어야 하는가.

2019. 4. 16.

'진주 참극'에 대통령이 없으면 국무총리가 가보지 않는 국가가 국가인가

진주 살인·방화 사건에 대해 국가의 책임을 강력하게 묻지 않을 수 없다.

'진주 참극'은 명백한 인재이며 국가가 막을 수 있었다는 점을 결코 부인할 수 없다.

정부는 진주 참극에 국가로서의 책임을 통감하고 고인과 유가족은 물론 국민 앞에 공식 사과해야 한다.

대통령은 해외 순방 중이라지만 국무총리가 아직도 현장에 가보지 않고 있다는 것은 참으로 안이한 상황 인식이 아닐 수 없다.

여전히 그 책임을 제대로 인식하고 통감하지 못하고 있음을 증명한다.

책상에 앉아서 경찰을 질타하는 것만으로 할 일을 다 하고 있다 생각하는가.

아니 이 참극 앞에서 국무총리가 자신을 탓하지 않고 경찰을 탓하고 있다는 게 말이 되는 소치인가.

사건과 관련 일선 경찰과 지자체 및 보건당국의 책임을 강력하게 물어야 한다. 그리고 모든 원인을 찾아내 국가가 책임을 지고 재발 방지를 약속하고, 개선을 해야 한다.

언론이 아닌 국가가, 살인범의 이력을 비롯해 국가 기관의 대처, 주민들의 민원 등 사건의 전후 맥락을 소상히 조사해 국민 앞에 보고하여야 한다.

왜 이 참극이 발생했고, 제도적으로 무엇이 문제였으며 어떤 개선이 이루어졌어야 하는지, 국가의 깊은 반성과 참회가 담긴 '진주 참극 백서'를 만들어 제시해야 한다.

국민들은 만일 진주 아파트에 '잘사는' 사람들이 살았다면 이런 일이 있었겠는가, 권력이 있는 사람이 한 명만 있었더라도 이런 상황까지 갔겠느냐고 묻고 있다.

아파트 주민들은 경찰을 비롯해 국가를 향해 수차례 민원을 넣었다. 수차례 구조를 요청했다. 도대체 이 사람들이 이만큼 했으면 뭘 더 해야 하는가. 게다가 무서움에 직접 대문 앞 CCTV를 설치하기도 했다.

이 사람들에게는 그저 여기에 살았다는 죄밖에 없다. 그런데 왜 이 사람들이 이런 참극을 당해야 한단 말인가.

초등학생과 시각장애인 등 힘없고 가난한 사람들이 무참히 살해되고 흉기에 찔린 참변에 국가는 가슴을 치고 통곡해도 그 책임이 가시지 않을 것이다.

사망자와 부상자 그리고 그 가족에 대한 보상과, 주변 친구와 주민들에 대한 정신적 대책까지 모든 사후 책임도 국가 차원에서 적극 검토해야 한다.

다시는 이런 일이 일어나지 않도록 하는 '기억'의 책임까지 국가가 나서야 한다.

국가가 국가로서의 의무와 책임을 방기하고 그 심각성마저 인지하지 못하는 문재인 정부에 깊은 실망을 금할 수 없다.

2019. 4. 19.

북한은 한반도 시계 되돌려서는 안 된다

북한이 단거리 미사일 발사를 감행해 불안과 걱정을 주고 있다.

북한이 과거로 돌아가는 '신호탄'이 아니기를 바란다.

북한은 한반도 시계를 1년 6개월 전으로 되돌려서는 안 된다.

신중하지 못한 행동으로 '비핵화' 대화와 협상 정국에 찬물을 끼얹어서는 곤란하다.

'비핵화 협상'의 교착 국면에서 정국 경색을 통해 압박 강도를 높이고 협상력을 극대화하려는 의도가 보인다.

자칫 협상력을 키운다며 판을 완전히 깨는 결과를 초래할까 우려스럽기만 하다.

북한은 최근 신형 전술유도무기 발사를 성공했다고 밝히기도 했다.

우리 정부의 기민한 대응과 철통같은 안보 태세가 필요하다.

북한의 미사일 도발이 한반도 평화를 위한 노력을 물거품으로 만드는 처사가 되지 않기를 바란다.

2019. 5. 4.

문재인 대통령 취임 2주년 대담 관련

대통령의 현실감이 물 위의 기름처럼 국민들에게 침투하지 못한 채 홀로 둥둥 떠다니고 있다.

대통령으로부터 듣는 80분 대담 자체는 소통의 의미가 있었다.

내용은 역시 실망이다. 기대 속에 지켜봤지만 공감이나 희망은 느끼기 어려웠다.

사안마다 변명과 모순으로 가득하다.

가령 인사 실패를 동의하지 못한다면서 펼치는 '아전인수'와 '형용모순'이 혀를 내두르게 한다.

인사 검증은 청와대만 하기에는 벅차기 때문에 국회청문회가 있는 것이고 그전 과정이 검증 과정이라고 둘러대면서, 청문보고서 채택 없는 인사 강행에 대해서는 일을 잘하면 인사 잘한 거 아니냐 너스레다.

경제 실정을 인정하기보다 홍보에 주력한다. 미국 다음으로 좋은 성적이라는 틀린 통계도 그대로다.

나쁜 일자리라도 없는 거보다 낫다면서 좋은 일자리 대책은 얼버무린다.

최저임금 속도조절 여지를 느끼게 한 건 부디 실제 실천으로 이어지기를 바란다.

북한을 두둔하기 바쁜 설명들도 북한이 미사일을 쏘든 아니든 늘 듣던 그대로다.

목소리는 신중하고 차분하지만, 인식은 나태하고, 대책과 대안은 없으며, 완고함과 고집은 선연하다.

추상적인 다짐의 반복이다. 북핵, 경제, 일자리, 여야 협치, 대내외 현안 등 지친 국민들을 달래기에는 '거리가 너무 먼 당신'이다.

2019. 5. 9.

이인영 원내대표와 김수현 정책실장, '갑'인가

더불어민주당 이인영 원내대표와 김수현 청와대 정책실장의 대화가 그저 해프닝으로 지나치기에는 아쉽고 씁쓸하다.

아무리 '밀담'이라고는 하나 공무원들에 대한 '갑질 뉘앙스'가 물씬 풍긴다.

더욱이 당 을지로위원회와 정부, 청와대의 모임에서 나온 대화다.

'을들의 외침'을 듣고 을의 편에 서겠다는 사람들의 대화치고는 참으로 '갑스럽다'는 느낌이다.

정부 관료들을 장관이 움직여야지 여당 원대대표가 왜 움직이는지도 의문이다. 청와대 정책실장이 왜 여당 원내대표에게 관료들 말 잘 듣게 하는 걸 맡아달라고 부탁하는지도 의아하다.

관료사회와 전문가집단을 무시하는 '무식한 운동권 정부'라는 비판이 이래서 나오는 건가 싶다.

'초제왕적 권력'이 공무원을 탓하는 것도 꼴불견이다.

만기친람 '청와대 정부'라는 숱한 비판에도 아랑곳 않더니 이제 와서 공무원에게 책임 전가를 하고 있다.

'2주년이 아니고 4주년 같다'는데, 헛웃음이 나온다.

이 정부는 자신의 행동을 거울에 비추어봐야 한다.

전 부처에 '적폐청산위원회'를 만들어 말단공무원들까지 다 들쑤시고 잡도리했는데 어떤 공무원이 소신을 가지고 일을 할 수가 있겠는가.

지금 공무원들 사이에는 상사의 지시를 녹음하는 풍조가 만연하고 있다고 한다. '정권 바뀌면 감옥 가는데' 누가 제대로 일을 하겠는가 한다. 공직 사회를 불신과 복지부동의 '지옥'으로 몰아간 당사자들이 누구인지를 알아야 한다.

그렇게 서슬 퍼렇게 '완장질'을 해놓고도 말을 안 듣는다고 하면, 양심이 없거나 무능한 것밖에 더 되는가.

집권 2년 차 어처구니없는 당청 두 수장의 해프닝이다. 그저 '덤 앤 더머' 같지만은 않은 '민낯'이다.

2019. 5. 11.

버닝썬 권력 유착 접근도 못 한 경찰, '수사종결권' 언감생심 아닌가

경찰이 '버닝썬 수사'를 사실상 '용두사미'로 마무리하였다.

버닝썬 관련 증거를 제보한 공익신고자는 마치 영화에서나 보는 '마피아 집단'을 목격하는 것 같아 가만히 있을 수 없었다고 했다. 우리 국민들도 많은 충격을 받았다.

돌아온 경찰의 수사 결과는 초라하기 짝이 없고, 국민들은 크게 실망하고 있다.

문재인 대통령은 '김학의 사건'과 '장자연 사건', '버닝썬 사건'을 직접 거명하며 검경의 명운을 걸고 진상을 규명하라고 했다.

문재인 대통령은 "사회특권층에서 일어난 이들 사건의 진실을 규명하지 못한다면 우리는 정의로운 사회를 말할 수 없을 것"이라고 했다.

과거에 벌어진 전자의 두 사건은 속도를 내는 것 같은데 현재 벌어진 마지막 사건은 왜 거북이처럼 '느림보'에, 수사 시늉만 하는 것인지 이해할 수가 없다.

국민들은 '경찰 유착'과 '권력 유착' 전모를 밝혀주기를 바랐다.

결코 있을 수도, 용납할 수도 없는 참담한 행위와 모의가 이루어졌던 카톡방에서 '경찰총장'이라며 든든한 '뒷배경'로 올라왔던 '윤 총경'은, 무려 152명의 경찰이 투입된 수사를 통해 오히려 철저히 면죄부를 받은 형국이다.

경찰 유착은 고사하고 윤 총경 윗선은 입도 벙긋하지 못했으며 접근조차 못 했다.

윤 총경은 청와대 민정수석실에서 2017년 7월부터 2018년 7월까지 1년간 파견 근무를 할 당시에도 승리 일행과 수차례 골프를 치고 식사를 했다.

더욱이 윤 총경은 2003년 5월 13일부터 2008년 2월 26일까지 참여정부 내내 청와대비서실의 정무수석실과 시민사회수석실에서 근무했다.

문재인 대통령은 참여정부 청와대에서 2003년 민정수석비서관, 2004년 시민사회수석비서관, 2005년 다시 민정수석비서관으로 근무했다.

화려한 청와대 근무 이력만으로도 윤 총경은 이례적이고 특이한 케이스였다. 문재인 정부 들어서는 윤건영 국정기획상황실장, 백원우 전 민정비서관, 송인배 전 정무비서관 등과 같이 근무했다고 한다.

사실 국민들의 판단은 의혹의 대상이 윤 총경으로 그칠 게 아니라 그 윗선으로 가야 한다고 보았다.

국민들은 '드루킹 사건' 당시 경찰이 보여준 행태와 최근 '손석희 부실수사 논란' 등 정치권과 관련된 수사에서 현 경찰이 얼마나 '정권의 입맛'을 의식하는 집단인지 여실히 보았다.

국민들은 현재의 '정치 검찰'도 신뢰가 가지 않는 건 마찬가지지만 '정치 경찰'의 면모를 적나라하게 보여주고 있는 경찰에 과연 '1차 수사종결권'을 줄 수 있을 것인지 심히 의심이 든다. 참으로 언감생심이 아닐 수 없다.

대통령까지 나서서 온통 변죽을 울리고서는 사회특권층과 권력층에 대해서는 아무것도 밝혀내지 못한 채 '눈 가리고 아웅' 하며 마무리하고 있다.

국민들은 끼리끼리 봐주는 부패한 특권층에 의해 사회 정의가 무너지고 있다는 생각밖에 들지 않는다.

2019. 5. 15.

대통령의 국가 재정 인식, 미래세대에 '채무 폭탄' 물려주는 무책임의 극치다

아무리 '세금 정부'라고 하지만 이렇게 가다가는 국가가 통째로 거덜날까 심히 걱정스럽다.

문재인 대통령은 과감한 재정 정책을 주문하면서 국가 재정 건전성의 마지노선이 국가채무비율 40%인 근거가 뭐냐고 의문을 제기했다고 한다.

문 대통령의 이런 태도는 참으로 당황스럽다. 스스로의 행동을 180도 뒤집는 이율배반적 언사다.

2016년 예산안에서 국가채무비율이 사상 처음으로 40%선을 넘자 당시 새누리당과 박근혜 정부를 신랄하게 비판한 장본인이 자신이기 때문이다.

본인이 그렇게 해놓고 이제 와서 다른 말을 하고 있으니 홍남기 부총리와 경제 관료들마저 의아한 것은 당연하다.

여당은 대통령의 발언을 비호하기 위해 OECD 국가들 중 채무비율이 우리가 가장 낮다는 주장을 한다.

이는 일면만 보고 하는 단견(短見)이다. 영국과 독일 등 선진국들이 국민소득 3만 달러 수준일 때 채무비율 40~50%를 유지했던 전례를 알아야 한다. 더욱이 우리는 지금 국가채무가 늘어나는 비율이 OECD 국가 중 네 번째로 빠른 상태다.

문재인 정부는 공무원·군인연금이 국가채무의 56%를 차지하고 있는데 연금개혁은 입도 벙긋하지 않은 채 오히려 17만 명 공무원 증원을 밀어붙이고 있다.

성장 둔화, 실업 증가, 생산인구 저하, 고령화, 국민연금 고갈 등 앞으로 닥칠 천문학적 재정 수요까지 감안한다면, 국가 재정에 대한 심각한 근시안에, 무책임의 극치가 아닐 수 없다.

국가채무비율 40%라는 기준은 2015년 정부와 전문가들이 종합적인 진단과 연구를 바탕으로 제시한 수치이다. 2060년까지 정부는 이 선을 유지하겠다고 공식 발표하였다.

이는 결국 재정을 알뜰하고 건강하게 운용하고 미래세대에 부담을 전가하지 않겠다는 책임의식에서 나온 것이었다.

국가 재정은 국민의 세금이다. 국민의 세금을 알뜰하게 써야 하는 것은 정부의 의무이다. 정부는 '내 임기'만 생각해서도 안 된다.

하물며 동네 친목모임도 후임 집행부에 흑자 장부를 물려주고자 하는 것이 인지상정이다. 흑자 장부는 둘째 치고 적자가 더 커진 장부를 물려주겠다고 노골적으로 선언하고 있으니 집행부 자격이 의심스럽다.

미래세대에 '채무 폭탄'을 물려주어서는 안 된다. 알뜰한 구석은 찾을 수 없이 미래세대를 '빚쟁이'로 만들고 있는 문재인 대통령의 인식 전환이 시급하다.

2019. 5. 20.

고용 상황 '희망적'이라는 청와대, '가짜 홍보' 할 때 아니다

청와대가 고용 상황이 개선되고 있다며 '희망적'이라고 하는데 실제 현실과는 괴리가 크다.

문재인 대통령이 '홍보 부족 탓'을 하니 무어라도 홍보를 해야 한다는 절박감은 알겠다.

그러나 국민들에게는 공허한 말이요 화만 돋우는 거라면 아니한 만 못할 것이다.

77조라는 막대한 예산을 쏟아붓고 있는데, 정부가 만들어낸 것은 초단기 일자리와 노년층 임시 일자리가 대다수다.

온갖 생색과 과장이 '가짜' 수준이다.

'진짜'인 것은 오로지 '도탄에 빠진 민생'과 '국민의 고통'뿐이다.

우리나라의 실업률은 19년 만에 최악이고, 실업자 수도 124만 명으로 최대치이다. 청년 체감 실업률도 25%가 넘는다.

옆 나라 일본은 사실상 완전고용상태를 이루었고 미국은 50년 만에 최저 실업률을 기록하고 있다.

문재인 대통령은 늘 국제 경기 탓을 하는데 우리만 왜 '구직난'에 허덕이고 있는지 의문이다.

청와대가 지금 '희망'을 운운할 때가 아니다.

지금 우리 경제가 정말 좋다고 인식하는 문재인 대통령의 말만으로도 국민들은 숨이 막힐 지경이다.

정말 경제가 좋으면 청와대가 애써 '가짜 홍보'를 하지 않아도, 대통령이 '달나라 말'을 하지 않아도 국민들이 먼저 체감할 것이다.

2019. 5. 20.

'단도미사일' 소동, '웃픈 현실'의 상징이다

문재인 대통령의 '단도미사일 소동'은 참으로 '웃픈 현실'이다.

웃자면 정말 웃긴데 웃을 수 없이 서글프고 착잡하기만 한 현실인 것이다.

대통령이 '단거리 미사일'과 '탄도미사일'도 명칭이 헷갈리는 지경은 숨길 수 없는 우리의 안보 현실을 상징적으로 보여준다.

우리나라는 물론 전 세계의 전문가들이 북한의 미사일을 '탄도미사일'로 보고 있지만 우리 정부만 한사코 피하고 있다.

우리 정부는 북한이 처음 미사일을 발사했을 때 '단거리 미사일'이라고 발표했다가 40분 만에 단거리 미사일이 아니라고 부정했고, 두 번째 미사일을 발사했을 때는 도무지 부정하기 어려우니 단거리 미사일이라는 것은 인정하면서도 '탄도미사일'은 아니라는 논리를 전개했다.

이런 상황이 이어지다 보니 대통령이 '단도미사일'이라고 하는 희한한 용어까지 자신도 모르게 내뱉게 된 게 아닌가 싶다.

우리 정부는 몇날 며칠이 지나도록 미사일의 종류를 '분석 중'이라는 말만 되풀이하고 있다. 이는 북한이 쏜 미사일이 탄도미사일로 정의될 경우 유엔 제재 위반 사항이 되기 때문에 어떻게든 회피하고자 하는 의도나 표정으로 읽히고 있다.

이는 자칫 심각한 상황이 될 수 있다.

만약에 누군가가 군과 정보 당국의 사실 분석에 개입해 의도적으로 왜곡하고 있다면 이는 엄중히 다뤄야 할 '반국가 행위'가 될 수 있음을 알아야 한다. 사실은 사실로 규명이 되어야지 어떤 정치적 의도가 사실조차 부인하고 조작하는 상황이 발생한다면 이는 명백한 범죄가 될 것이기 때문이다.

북한의 미사일을 어떻게 규정하든 그다음 대응에 있어서는 얼마든지 다를 수 있다. 대통령의 의지나 정부의 방향은 이 지점에서 얼마든지 투영되고 관철될 수 있다. 지나친 '북한 눈치 보기'가 부디 자승자박이 되지 않기를 바란다.

국방부와 국가정보원은 더 이상 시간을 끌지 말고 조속한 시일 내에 북한 미사일에 대한 공식적인 정의를 내놓아야 할 것이다.

대통령은 단거리 미사일을 잘못 말한 거라고 정정했지만, '단도미사일'은 탄도미사일을 탄도미사일이라고 부르지 못하는 웃픈 현실을 상징하는 말로 국민들에게는 계속 회자될 것이다.

'아버지를 아버지라 부르지 못하는' '홍길동 놀이'는 그만해야 할 것이다.

2019. 5. 22.

김경수 경남지사가 노무현 전 대통령을 '떳떳하고 당당하게' 찾아뵈려면…

김경수 경남지사가 노무현 전 대통령 10주기에 참가하지 못해 '속상하다'면서 '조금 늦더라도 좋은 소식을 가지고 떳떳하고 당당하게 찾아뵙겠다'고 했다.

그러면서 "'새로운 노무현'이 되려는 '깨어있는 시민'들이 봉하를 가득 메워주실 것으로 믿으며 그분들 모두가 '마지막 비서관'이고 대통령님의 '동지(同志)'"라고 했다.

노무현 전 대통령은 '반칙과 특권이 없는 세상'을 꿈꾸었다.

김 지사는 '반칙'으로 권력을 잡으려고 했다.

권력만 잡으면 된다는 생각으로 규칙 따위는 무시했고 반칙을 서슴지 않았다.

노무현 정부는 시민의 참여로 민주주의가 발전한다는 생각으로 '참여정부'라고 이름을 붙였다.

노무현 전 대통령은 "민주주의 최후의 보루는 깨어있는 시민의 조직된 힘"이고 "그것이 우리의 미래"라고 했다.

드루킹과 공모해 벌인 대규모 여론 조작으로 김경수 지사는 민주주의를 심각하게 훼손했다.

민주주의 최후의 보루를 무너뜨리고 '조작된 댓글'이 마치 '깨어있는 시민의 조직된 힘'인 양 위장하였다.

민주주의를 우롱하고 '우리의 미래'를 어두운 과거로 후퇴시켰다.

김 지사의 1심 재판에 대해 더불어민주당이 보인 모습 역시 사법부 독립과 삼권분립의 헌법정신을 파괴한 반민주적 처사였다.

김 지사를 비롯한 그들 모두는 노무현 전 대통령 앞에 부끄러워해야 할 것이다. 그것이 '마지막 비서관'이자 '동지'로서 노무현의 이름에 누를 끼치지 않는 진실된 모습임을 부디 자각하기를 바란다.

김 지사는 '좋은 소식'이 자신이 풀려나는 것이라고 생각하는 모양이다.

그러나 과연 노무현 전 대통령이 바라는 좋은 소식이 그런 걸까.

김 지사가 '떳떳하고 당당하게' 노무현 전 대통령 앞에 서는 것은 바로 진실된 모습으로 서는 것이다.

스스로에게 떳떳하고 당당하기 바란다. 그래야 노 전 대통령 앞에서도 떳떳하고 당당하게 설 수 있을 것이다.

2019. 5. 22.

'소득' 없는 소득주도성장, 대통령의 고집만 있다

문재인 정부의 가장 큰 미스터리는 '소득주도성장론'을 내세우는데 정작 '소득'이 없다는 사실이다.

어려운 사람들을 위해 최저임금을 올린다고 했는데 정작 어려운 사람들의 소득이 더 줄어들고 있다.

통계청이 발표한 2019년 1분기 소득부문 가계동향조사 결과를 보면 최하위 소득계층 2인 이상 가구의 명목소득이 월평균 125만 5천원으로 1년 전 같은 기간보다 2.5% 줄어들었다. 이는 5분기 연속 감소 수치다.

특히 최하위 계층의 근로소득은 무려 14.5%가 줄어들었다. 역시 5분기 연속 감소한 것이다.

통계당국은 '상·하위 소득격차가 줄어들었다'면서 '소득 분배 상황이 1년 전보다 개선됐다'고 여론을 호도하고 있다.

실상은 그것이 얼마나 허울뿐인가를 알게 한다.

최하위 소득계층의 소득이 왕창 줄어들었는데도 상하위 소득 격차가 줄어든 이유는, 분배정책을 잘해서가 아니라 최상위 소득계층의 소득도 같이 줄어들었기 때문이다.

더욱이 전문가들은 그 격차 역시 실제로는 의미 있는 수준으로 개선됐다고 말하기는 어렵다는 시각이다.

결국 '소득주도성장'에 소득도 없고 격차도 해소되지 않는 상태로, 잘사는 사람이든 못사는 사람이든 다 같이 못살게 됐다는 사실만 남는 셈이다.

문재인 대통령은 '경제가 잘되고 있다'는 말을 계속 반복하고 있다. 대통령의 말과 현실은 이렇게 다르다.

소득주도성장의 '허장성세'에 소득은 없고 '대통령의 고집'만 있을 뿐이다.

잘못한 것을 잘못했다고 솔직하게 인정하고 방향을 전환하는 것이 진짜 용기 있는 태도이다.

문재인 대통령은 더 이상 고집을 부리지 말고 지금 당장 소득주도성장론을 폐기하고 '혁신주도성장', '일자리주도성장'의 바른 길을 찾아갈 것을 진심으로 권고한다.

2019. 5. 24.

다시 한번 故 최종근 하사의 명복을 빈다. 군 통수권자의 '빈자리' 크다

'최영함' 홋줄 사고로 순직한 故 최종근 하사에 대한 영결식이 거행되었다.

193일간 소말리아 아덴만 해역과 인도양 등을 누비며 국민의 생명과 안전을 지키기 위해 헌신해온 그를, 우리는 박수 한 번 제대로 쳐주지 못한 채 허망하게 떠나보내야 했다.

늘 솔선수범하는 모범생이었다는 서글서글한 청년의 얼굴이 군에 아들을 보낸 부모와 국민들의 가슴을 깊이 아리게 한다.

국민들은 영결식장에서 군(軍) 통수권자를 볼 수 없었다는 사실이 서운하고 안타깝다. 총리도 없었다. 빈자리만 크게 남았다.

문재인 대통령이 순직 군인의 영결식장과 추모식에 나타나지 않는 것이 일상(日常)이 되어버린 상황은 결코 바람직하지 않다.

문재인 대통령은 작년 7월 '마린온 추락 사고'로 군인 5명이 사망했을 때도 나타나지 않았다. 당시 '늑장 대리 조문 인사'로 큰 국민적 지탄이 있었다. 그러나 대통령은 바뀌지 않았다.

문재인 대통령은 '서해 수호의 날'에는 집권 2년 연속 불참했다.

과연 어느 나라 군 통수권자가 이렇게 희생 군인을 홀대하는지 예를 찾을 수가 없다.

우리의 장병들은 '입으로 평화를 말하는 사람들'을 위해 '목숨 걸고 평화를 지키는 전사들'이다.

문재인 대통령이 그토록 강조하는 '평화'는 조국의 굳건한 안보 없이는 불가능하고, 굳건한 안보의 최일선에는 우리 국군이 있다는 사실을 잊지 말아야 한다.

국방부 장관마저 북한의 천안함 폭침, 연평도 포격 등 도발에 대해 "불미스러운 충돌"이니 "일부 이해할 부분이 있다"느니 말하는 지경이다.

동료를 잃고 구사일생으로 살아남은 장병은 그런 수뇌부를 보며 '과연 내가 왜 목숨을 걸고 싸웠는지' 혼란스럽다고 했다.

'왜, 누구를 위해 싸워야 하는가?' 군인이 이런 의문을 던지게 하는 나라에 과연 안보가 있고 미래가 있다고 할 수 있는가.

자랑스러운 최 하사를 보내며, 오늘도 굴함 없고 변함없이 조국을 지키고 있는 자랑스러운 '최종근 하사들'을, 우리 국민은 가슴 깊이 다시 한번 기억한다.

2019. 5. 27.

'다뉴브강 사고' 실종자 구조에 최선을 다해주길 바라며, 여행 안전에 대한 정부 차원의 점검 이루어져야 한다

헝가리 유람선 전복 사고 이틀째 실종자 수색 및 구조 활동이 계속되고 있지만 우리 국민들이 간절히 소원하는 소식이 들려오지 않아 안타까움을 금할 길이 없다.

우리 정부는 헝가리 정부가 총력을 다해 나설 수 있도록 협조를 구하고 모든 지원을 아끼지 말아야 할 것이다.

우리 해군과 해경의 전문인력도 가족의 애끓는 마음을 대신해 최선을 다해주기를 거듭 당부한다.

우리 국민들은 간절한 염원으로 하늘의 기적을 바라고 기원하며 기도할 것이다.

사고 상황을 보며 우리 국민들은 참 이해할 수 없는 심정이다.

어떻게 구명조끼도 없이 유람선을 타게 했는지, 세찬 비바람과 불어난 물에도 불구하고 강행했어야 했는지 의문을 지울 수 없다.

이렇게 최소한의 안전이 지켜지지 않는 관광을 수많은 우리 국민들이 이용하고 있었다는 사실에, 그 실태가 답답하고 놀랍기만 하다.

최근 급속도로 관광객이 몰리는 여행 상품이었고 다뉴브강의 유람선도 급증하여, 예고된 참사라는 지적이 나오고 있다.

그동안 민간여행사의 여행 상품에 대한 정부의 관리 감독 역할은 어디까지였고 어느 정도로 이루어져왔던 건지 차제에 반드시 점검이 이루어져야 한다.

'세상에서 가장 아름다운 여행'이라는 광고를 보고 그런 믿음으로 떠났을 여행객들이, 너무나도 안이한 '안전 불감증' 속에서 '비극의 여행'이 되었다는 사실 앞에서. 우리는 다시는 이런 일이 일어나지 않도록 할 무거운 책임을 느끼고 대책을 세워야 할 것이다.

2019. 5. 31.

'김원봉은 되고' '이승만은 안 되는' '통합'?

문재인 대통령은 현충일 추념사에서 김원봉을 칭송한 것이 보수 진보 통합의 취지였다고 한다.

누가 이 말을 믿을까.

대통령이 평소 분열이 아닌 통합을 지향하는 대통령이었다면 어땠을까. 과연 대통령은 통합의 대통령인가 분열의 대통령인가.

국민들은 봐서, 알고 있다.

남북관계에서는 자신과 생각이 다른 사람들을 '적대와 분쟁 세력'으로 낙인찍었다.

대통령이 되자마자 첫 광복절에 '1919년 건국' 논쟁을 촉발하며 몸소 '이념전쟁'의 선봉장이 되고자 했다.

지난 3.1절에는 엉뚱하게도 '빨갱이' 낙인이 '친일잔재'라며 청산하자고 목소리를 높였다.

광화문에 내건 임시정부 100주년 기념 걸개그림에는 임정 초대 대통령이었던 이승만을 제외하였다.

문 대통령은 사실상 진보 진영에서 배출한 대통령이다. 말은 통합의 대통령이 되겠다고 하면서 상대 진영을 포용하는 면모를 보여준 적이 없다. 오히려 매우 체계적이고도 집요하며 순차적으로 '전선'을 펼쳐왔다.

보수 진보를 넘어서자는 말은, 선연한 배제와 공격을 포장하는 무늬 좋은 '포장지'일 뿐이었다.

사실상 분열의 대통령이, 김원봉이라는 '존경받을 독립운동가'를 정쟁의 도구로 쓴 꼴이 되어버렸다.

조금이라도 사려가 있고, 진정으로 '김원봉의 재평가'를 바란다면 그렇게 꺼낼 것이 아니었다. 논쟁이 무르익지도 않은 상태에서, 적어도 현충일에 6.25 전사자들의 무덤 앞에서 던질 사안은 결코 아니었다.

만일 임시정부 100주년 기념 걸게그림에 임정 초대 대통령 이승만을 함께 그리며, 김원봉도 다시 보자고 했다면, 국민들이 받아들이는 게 달랐을 것이다.

대통령은 스스로는 조금도 포용하지 않으면서 아니 노골적으로 배제하면서, 상대에게만 포용을 요구하며 일방적인 이념논쟁을 이어가고 있다.

그리고 그것을 '보수 진보가 없는 통합'이라고 칭한다.

이승만은 임정 100주년에도 지워야 할 인물이고 김원봉은 6.25 전사자 앞에서도 기어이 소환해야 할 인물인가.

문 대통령은 '김원봉 이슈'를 작심하고 던졌으며 이념전쟁의 득(得)을 꽤 챙기고선 홀연히 외국 순방을 떠났다.

그사이 대통령의 뜻을 좇는 청와대 청원도 올라왔다.

조용하지만 남은 상처는 깊고, 쉽게 아물 것 같지 않다.

대통령이 숙고하고 바뀌지 않는다면 결국 분열은 계속될 것이다.

2019. 6. 9.

여권의 '바둑이 사랑' 희희낙락, 국민들이 '착해서' 지켜보고 있는 걸 모르는가

문재인 대통령이 경남에 내려가 1시간 반 동안 김경수 경남지사를 '그림자처럼' 대동하고 이해찬 당대표는 서울에서 김 지사와 단독 오찬 회동을 하더니 이어서 문 대통령의 복심이자 '총선 참모총장'을 자임한 양정철 원장이 또 김 지사와 보란 듯이 회동하는 등 이어지는 '화면'들이 국민들로서는 참 도가 지나치다는 생각을 한다.

김 지사는 민주주의 훼손의 중대 범죄로 실형을 선고받고 제한적 보석 허가 상태로서, 국가와 국민, 사법부에 '최소한'의 예의가 있다면 최대한 '근신'하는 모습을 보임이 맞을 것이다.

보석 자체가 '언감생심'이었지만 재판부가 도지사 업무를 위해 최대한 배려한 것이었다.

이렇게 대놓고 위세나 과시하라고 한 것이 아니다.

사방천지 돌아다니고 정권 실세와 교분이나 쌓고 다닐 거면, 제한적 보석이 무슨 의미가 있는 건지 남은 재판은 무슨 소용이 있을지 모르겠다는 게 국민들의 감정이다.

대통령도, 당 대표도, '총선 참모총장'도 최소한이나마 삼갈 줄을 알아야 한다.

대놓고 '바둑이 사랑'을 표하고 '바둑이 구하기' 행보에 나서며 희희낙락할 게 아니다.

이렇게 '사법부 우롱'을 이어가서는 안 된다.

양 원장이 내뱉은 말은 그 정점을 찍었다.

양 원장은 김 지사가 "도지사 되고 차기 대선 주자가 되면서" 고초를 겪고 있고, "그런 일은 선거판에서 일어났을 수 있다"면서 "착하니까" 당했다는 식으로 말했다.

국민들은 정말 기가 막힐 뿐이다.

가히 망언의 지존이자 '본좌'가 아닐 수 없다. 이런 게 망언이 아니면 무엇이 망언인가.

국민을 상대로 사기치고 농락한 민주주의 파괴 범죄자로 유죄 판결을 받은 이 앞에서 양 원장이 한 이 말을, 국민들은 기억할 것이다.

양 원장 말대로, 혹시 여권과 양 원장, 김 지사는 다가오는 총선에서도 '선거판에서 일어났을 수 있는 그런 일'을 또 벌일 심산인가.

부디 여권과 김 지사는 때와 본분을 알기 바란다.

국민들이 '착해서' 참으며 지켜보고 있다.

2019. 6. 10.

'비겁자' 안민석 의원 도망가지 말고 국민에게 사과하라

더불어민주당 안민석 의원의 궁색한 변명이 스스로 '비겁자'를 '인증'하고 있다.

일이 잘되었으면 자신이 일등공신이라고 나섰을 게 뻔한 안 의원은, 일이 잘 안 되게 돌아가니 이제는 자기가 별로 한 게 없다는 식으로 말하고 있다.

무언가 잘못된 게 있으면 솔직히 시인하고 이해를 구하기보다 비겁한 변명을 늘어놓으며 죽어도 사과는 하지 않는 전형적인 '더불어민주당형 비겁자'의 행태다.

안 의원은 동료 의원들이 난처한 입장에 처하게 됐다며 모두 자기 탓이라고 하는데 정작 윤지오 씨에게 소송을 건 기부자들과 국민들에게는 일말의 책임감도 보이지 않는다.

더욱이 자신의 행동이 "국민들의 판단을 흐리게 했을 만큼 국민들이 어리석지 않다"고 말하는데, 참으로 뻔뻔스러움의 극치에 할 말을 잃는다.

정작 사과해야 할 사람이, '내 말에 속았으면 당신이 바보'라고 이죽대고 있는 격이 아닌가.

안 의원은 비겁한 변명으로 국민들 염장을 지르더니 이어서는 폴란드에 축구 관람하러 간다면서 '엄지척' 사진을 올려놓고 있는데, 국민들은 참으로 어이없고 가증스러움마저 느낀다.

윤지오 씨를 '정의의 사도'로 만드는 데 앞장선 사람들은 이 사태에 이제 와 발을 빼거나 모른 척하려 해서는 안 될 것이다.

국민들은 윤지오 씨를 치켜세우며 분위기를 주도했던 사람들을 다 알고 있다.

청와대도 그 대표다.

지난 3, 4월 문재인 대통령이 철저한 재수사를 지시한 후 윤지오 씨에 대한 신변 보호와 관련 청와대가 사과하고 서울경찰청장이 사과하였으며. 이낙연 국무총리는 경찰을 질책했다.

윤지오 씨를 '의인'으로 띄우는 데 앞장선 사람들은 윤 씨 증언이 거짓 논란을 빚고 있는 지금 그 진위를 밝히는 데도 앞장서는 것이 최소한 '일관성'이 있을 것이다.

그러나 역시다.

일이 틀어졌다고 도망갈 궁리나 하며 모른 척하고 있다.

2019. 6. 15.

중국의 북한 '보증수표' 한국 정부 성찰의 계기 되기를 바란다

중국 시진핑 주석의 북한 방문은 북한과 중국의 우호 관계를 가장 높은 수준으로 과시했다.

시진핑 주석은 김정은 위원장에게 '금액칸을 비운 통 큰 보증수표'를 발행했다.

북핵 교착 국면에서 중국과 북한은 전통적 혈맹관계를 다시 한번 확인하고, 김정은 위원장의 대내외 정책과 북한 체제 보장까지 중국이 확실히 지지하고 보장한다는 것을 확인시키고, 대내외에 천명하였다.

북한에 비해 한국의 상황은 극히 대조적이다.

한국은 미국과 소원한 상태고 일본과는 최악의 관계에 놓여있다. 미국과 일본은 마치 북중 관계처럼 최고로 좋은 관계를 구가하고 있다.

결국 우리만 어느 쪽으로부터도 외톨이가 되어있다.

우리 정부는 왜 이렇게 되었는지 곰곰이 생각해보아야 한다.

원인은 한국 정부의 '오판'과 '성급함' 때문이다.

한국은 북한에 비위를 맞추고 북한에 매달리면 원하는 방향대로 순조로이 갈 것이라고 생각하고, 대내외적 역량의 대부분을 거기에 맞추어 움직이고 있다.

그러나 북한은 그런 한국에 대해 그렇게 크게 의미 부여를 하지 않는다.

사실상 실효성이 크지 않은 것이다.

두 번째는 판단도 잘못됐는데 성급하기까지 하다. 지나치게 앞서가다 패착이 나오고, 오해를 낳고 불신을 초래하는 것이다.

더욱이 이제는 우리의 '국방'까지 뚫렸다.

우리는 문재인 정부에게 안보만큼은 절대 빈틈이 없기를 바란다고 수 없이 강조해왔다.

한국 정부가 아무리 현실 괴리의 환상을 쫓고 있다고 해도, '물위의 기름'처럼 나아가고 있다고 강조하고 싶지는 않다.

그러나 진정 스스로 생각하는 목표를 달성하고자 한다면, 일정하게 '조정'은 해야 한다.

계속 오판을 고집하고 성급하게 나아가서는, 될 것도 안 될 판으로 가고 있음을 직시해야 한다.

전반적인 판단과 보폭에 냉정한 재정비와 점검이 필요하다.

북중 혈맹의 과시를 보며, 중국의 북한에 대한 확고부동한 보증수표를 보며 한국 정부가 부디 자극을 받고 좀 더 깊은 성찰을 할 수 있기를 바란다.

2019. 6. 21.

놀란 국민이 잘못인가?

대변인을 통한 청와대 해명은 진정 고민의 흔적이 보이지 않는다.

국민의 '의문'을 '정쟁'으로 호도하는 외떨어진 청와대의 상황 인식이 기가 막히다.

청와대는 은폐가 없었다며 평범한 사실 나열을 하고 있는데 아직도 사태 파악을 못 한 안이함이 그대로 묻어난다.

국민의 의문이 얼마나 심각한 건지 무겁게 받아들이고 해명하거나 이해시키려 하기보다 국민들의 의문 자체가 잘못됐다는 식이다.

일례로 우리 국민들은 '표류하던 배'에서 '삼척항에 직접 정박한 배'로 관련 사실이 바뀌는 순간 깜짝 놀랐다.

놀란 국민이 잘못인가?

우리 국민은 놀라는데 국방부와 청와대는 전혀 놀랍지 않단 말인가.

국방부와 청와대는 이 차이가 대수롭지 않은 것인가.

해경과 군의 전달에서 의도적으로 '워딩'을 고른 것이라면 '은폐'이고, 사실과 달리 "동상석으로 사용하는 용어"로 표현한 것에 불과하다면 군과 청와대의 '안이함'이자 국민에 대한 '무시'이다.

어제는 국민소통 수석이 "보도가 나가면 남북관계가 경색된다"며 '언어도단(言語道斷)'의 황당한 언론 탓을 하더니, 당초 발표 안 할 걸 했다면서 오늘도 언론 탓을 한다.

국민들은 언론이 아니었으면 까맣게 '속고 있었을' 것을 청와대가 자백한 꼴이다.

여전히 의문이 한두 가지가 아니다. '북한 목선'의 사실을 국민이 알기도 전에 같이 타고 온 두 명의 인원을 이미 북한으로 돌려보낸 것도 원래 그렇게 한다는 식이다.

국민의 당연한 의문을 해명은커녕 정쟁으로 몰고 가는 청와대야말로 정쟁의 진원지다.

은폐도 없고 잘못한 게 없으면 당장 국회 국정조사를 수용해 국민들을 납득시키기 바란다.

무성의한 개인 페이스북 진화가 아니라 국가안보실장이 국민 앞에 직접 설명하기 바란다.

2019. 6. 22.

임종석 UAE특보 쥐구멍에 숨었나

아랍에미레이트(UAE) 바카라 원전 정비 업무의 기대 이하 계약 결과는 정말 우리 처지가 어쩌다 이렇게 됐나 싶기만 하다.

우리가 만든 원전을 우리가 정비하지 못하고 하도급을 받는 신세가 됐다니 이게 말이 되는가.

부끄러워해야 하고 책임을 져야 할 상황인데 누구도 보이지 않는다.

이 정부 들어 초래된 '원전 강국'이라는 우리 위상의 급격한 추락 실상을 또 보아야 하는 것이 참 답답하기만 하다.

세계 각국의 전문가들과 국내 전문가들은 물론 우리 국민들도 눈에 뻔히 보이는 '실패'에 대해 우리 정부만 '잘한 계약'이라고 딴소리를 하고 있는 현실은 더더욱 참담하다.

'과거 정부처럼 과대 포장하지 않고 국민의 알권리를 충족하는 사실만을 전함을 강조드린다'는 정부의 설명은 진정 '낯이 쇠가죽'이 아닌가.

이 시점 우리 국민들은 임종석 전 비서실장이 왜 보이지 않는지 의문이다.

정부 말대로 계약이 잘되었으면 벌써 공치사를 하고 나왔을 인물이 아니던가.

임종석 UAE특임 외교특별보좌관은 정비 계약 실패에 대해 책임을 지고 당장 옷을 벗어 던지기 바란다.

이 정부 임기 초 발생했던 임종석 전 비서실장의 '의문의 UAE 특사 급파 방문'의 기억이 아직도 선연하다. 결국 이 진실은 덮이고 말았다.

청와대 비서실장을 마치고 나오며 UAE특임 외교특별보좌관이라는 난데없는 직책을 맡은 경위도, '철저한 뒷감당'을 위한 것이 아니었는지 궁금하기만 하다.

정부가 총력을 기울였다며 언급하는 임종석 전 실장, '쥐구멍에 숨어 있지 말고' 직접 나와 정말 성공인지 실패인지 말해보기 바란다.

2019. 6. 25.

'위조 교과서'로 초등학생을 속인 '교육 농단' 용서할 수 없다

교육부의 초등학교 교과서 불법 수정 사건은 문재인 정부와 '김상곤 교육부'의 허위와 위선을 극명하게 보여준다.

자라나는 초등학생을 속였다는 면에서 더욱더 용서할 수 없는 '교육 농단'이자 만행이다.

교육부는 집필자의 도장까지 위조해가며 무려 213곳을 불법 수정한 교과서를, 전국 6,064개 초등학교 43만 명이 넘는 초등학생들에게 정상적인 교과서인마냥 배포했다.

보통의 어른도 아닌 교육자가, 교육적 양심을 가지고 어떻게 이같이 행동할 수 있는 것인지 상상조차 할 수 없다.

검찰에 따르면 이 범행은 2017년 9월부터 2018년 1월까지 5개월간 저질러졌다고 한다. 교육부가 전 정부의 '교육 적폐'를 청산한다며 말단 공무원까지 서슬 퍼런 칼날을 휘두르던 때이다.

앞으로는 적폐 청산을 외치고 뒤로는 '정권의 입맛'에 맞는 교과서를 만든다며 집필자를 압박하고 불법까지 서슴지 않고 있었으니 도대체 이 표리부동과 위선 그리고 횡포를 어떻게 이해해야 하는가.

이 범행이 담당 과장과 연구사 등 공무원 2명에 의해 전적으로 저질

러졌다고 믿을 국민은 없다.

윗선에 대한 철저한 조사가 이루어져야 한다.

보도에 따르면 김상곤 전 교육부 장관도 이 사항을 모르고 있었다고 보이지 않는다.

이제야 진상을 파악하겠다는 교육부도 신속한 조사와 책임 있는 결과를 국민들 앞에 내놓아야 한다.

결코 묵과할 수 없는 '교육 농단'을 낱낱이 밝혀서 자라나는 초등학생 앞에 떳떳한 국가가 되어야 한다.

2019. 6. 26.

북핵 국면 전환의 지혜를 찾고, 이견 해소와 굳건한 한미동맹의 계기가 되어야 한다

서울에서 이루어지는 한미 정상 간 여덟 번째 만남이 북핵 국면 전환의 지혜를 찾는 자리가 되기를 바란다.

도널드 트럼프 미국 대통령의 DMZ 방문도 예정되어있어 세계의 시선도 더 모이고 있다.

전임 버락 오바마 대통령은 DMZ에서 "자유의 최전선에 서있다"고 천명했고 1993년 빌 클린턴 대통령은, 북한이 핵을 개발해 사용한다면 북한 정권은 최후를 맞게 될 것이라고 경고하기도 했다.

오늘 대한민국이 처한 상황은 더욱 엄혹하기만 하다. 북한은 이미 핵무기를 가지고 있고, 우리로서는 북한이 핵무기를 사용하게 되는 순간 완벽하게 막아내지 못하면 절대적으로 안 되는 상황에 놓여있다.

3.8선은 동족상잔의 비극과 수백만의 희생 위에 그어진 선이다. 70년의 시간이 흘렀지만 그 선을 둘러싸고 아무것도 달라진 것은 없다.

DMZ에 서면 분단의 현실이 얼마나 선연한지, '전쟁'은 어제의 일이 아니라 오늘의 진행형임을 누구나 느끼고 알 수 있다.

트럼프 대통령이 자유와 안보, 평화의 무거운 가치를 세계인들과 함께 상기하고 나눌 수 있기를 바란다.

DNZ 앞에서 '북핵을 안고 살아가고 있는 한반도 현실'을 피부로 느끼고 전하며, 각오를 다질 수 있기를 바란다.

트럼프 대통령은 한국으로 출발하기 전 김정은 위원장을 만나고자 하는 의향과 기대도 비쳤다.

김정은 위원장이 나와서 만남이 이루어지는 것도 뜻깊고 의미가 있을 것이다. 문재인 대통령과 김정은 위원장, 트럼프 대통령이 DMZ에서 서로 손을 잡고 'DMZ 평화 선언'을 할 수 있기를 바란다.

어떤 만남도 북한의 비핵화를 위한 실질적인 것이 되어야 함은 자명하다.

북한이 6차 핵실험을 마치고 '핵무력 완성'을 선언한 지 무려 1년 반이 넘는 시간이 지나고 있다.

남북정상회담이 세 번이나 이루어지고 북미 정상회담도 두 번이나 진행됐지만 북핵 문제는 사실상 전혀 진척된 것이 없다.

오히려 우라늄 농축을 통한 북한의 핵 개발은 더욱더 가속화되고 있고, 얼마나 많은 핵무기가 더 만들어졌을지 가늠이 어렵다는 게 대내외 전문가들의 시각이다.

우리는 '만남을 위한 만남'을 지켜보고 있을 여유가 없다.

'쇼'는 '애피타이저'로 충분하다. 이제 본 공연을 보고 싶을 뿐 더 이상의 이벤트는 식상하다.

분위기만 띄우는 것도 바라지 않는다. '천둥은 치는데 비는 내리지 않는 답답한 상황'을 언제까지 인내할 수도 없다.

중국은 사드를 철수하라고 하고 우리 정부는 사드 정식 배치를 미루고만 있으며, '북한 목선 사태' 등 국민들의 안보 불안은 더 가중되고 있다.

서울에서 이루어지는 한미정상회담이, 형식적인 만남이 아니라 한미 간 긴밀한 의견 조율의 분명한 계기가 되기 바란다. 북핵 교착 국면 타개의 지혜를 찾을 수 있기를 바란다. '비핵화' 개념과 '제재 완화' 등 돌출하는 세부 이견들도 차제에 해소되어야 한다. 한미 양국이 북핵 해법의 실질적인 의견 일치에 더 접근하기 바란다.

어느 때보다 더 확고하게 굳건한 한미 동맹을 다짐하고 약속할 수 있기를 또한 기대한다.

2019. 6. 28.

'다음 대선까지 기다리기 답답한 질책'이라고 해야 하는 거 아닌가

청와대가 문재인 대통령 탄핵 청원에 답변을 내놓았는데 자유한국당과 더불어민주당 해산 청원 답변과 완전히 정반대다.

정당 해산 건은 삼권분립 상 정부가 할 답변이 아닌 것에 '장광설'로 답하더니, '대통령 탄핵 건은 삼권분립상 정부가 답변하기 어렵다'고 한다.

정당 해산 건은 실제 정부가 청구자로 나설 요량이 아니라면 삼권분립 원칙을 의식해 더더욱 말을 삼가야 할 사안이다. 그런데 청와대는 주저하지 않았다.

오히려 대통령 탄핵 청원은 대상자가 바로 자신이기 때문에 자신에 대한 할 말을 하자면 얼마든지 할 수 있었을 것이다. 그러나 어떤 말도 없고 하다못해 어떤 변명조차도 없다.

정당 해산 건 당시 답변의 기조대로 하자면 국회가 탄핵 청구 당사자이니 국민의 뜻을 받들어 탄핵 청구를 고려함이 마땅하다고 말하는 것이 일관된 태도일 것이다. '국민의 순엄한 평가'라며 그렇게 대신 회초리를 휘두른 것에 비추면 그게 논리적으로 맞는 셈이기 때문이다.

'주권자' 운운하며 "내년 4월 총선까지 기다리기 답답하다는 질책"이라고 하더니 왜, "다음 대선까지 기다리기 답답하다는 질책"이라고 답변하지 않는가.

국민의 '회초리 초강수' 운운하며 국회를 향해서는 아낌없는 질타를 쏟아내더니 대통령을 향해서는 왜 꿀 먹은 벙어리인가.

최소한 국민에 대한 예의상으로라도 '송구하다'는 말 한마디 정도 할 법한데 일체 없다.

'대통령은 국민을 지배하는 자리가 아니라 주인인 국민을 대표하는 자리'라는 물음에는 전 정부가 그렇게 탄핵되었고 자신은 "국민의 힘으로 탄생한 정부"라는 아전인수(我田引水) '사오정 화법'이다.

국민의 질책을 '자화자찬'으로, 180도 바꾸어 마침표를 찍는 대단한 능력이다.

이중 잣대는 그렇다 쳐도 국민에 대한 오만과 뻔뻔함이라도 잠시나마 내려놓을 줄 알아야 하지 않겠는가.

국민들이 조용히 넘어간다고, 잘하고 있다고 부디 착각은 하지 말기를 바란다.

2019. 6. 28.

국방부, 정말 제정신인가

국방부가 6.25전쟁 70주년 기념사업을 북한과 공동 추진하는 것을 검토하고 있다는 보도에 눈이 휘둥그레지고 귀를 의심하지 않을 수 없다.

그 내용은 정말 기가 막혀서 일일이 거론하지 않겠다.

국방부가 과연 제정신인지 국민들은 분노마저 치민다.

국방부 수뇌부가 안보에 몰두하는지 정치 꽁무니를 좇고 있는 것인지 모르겠다는 국민 불신이 이미 임계점을 넘고 있는 실정이다.

문재인 대통령은 북한 눈치 보느라 나라를 지키다 전사한 꽃다운 청년들을 추모하는 자리에 단 한 번도 나타나지 않고 국방부 장관은 천안함·연평도 서해 도발을 '불미스러운 충돌'에 '이해할 부분이 있다'고 하더니 급기야, 60만 군인들이 보는 국방일보 1면 제목에 '남북 평화 지키는 것은 군사력이 아닌 대화'라는 활자를 대문짝만하게 뽑은 국방부다.

'주적' 개념도 없애고 '3축 체계'도 자진 해체하더니 이제 어느 지경까지 가야 멈출 것인지 참으로 우려스럽다.

국방부는 보도가 사실이 아니라고 부인을 하는데 부인을 하는 내용이 더 미덥지 않고 오히려 사실을 인정하는 것처럼 보인다.

국민을 두 번 속일 요량인가.

국방부의 해명이 일말의 진실이라도 있으려면 해당 용역 결과가 나왔을 때 용역 평가에서 부인을 했어야 하는 것 아닌가.

오히려 칭찬은 칭찬대로 해놓고 이제 와 자신은 관계없는 것처럼 발뺌하는 국방부는 진정 군인으로서 부끄럽지 않은지 묻고 싶을 정도다.

'한반도 평화의 대세'를 보장하는 것도, 불안하기만 한 '북핵 정세'의 최후 보루도, 오로지 '한 치의 빈틈조차 용납하지 않는 철저하고 튼튼한 안보'다. 이 사실을 결코 잊어서는 안 된다.

화해와 협력, 대화라는 것도 대통령과, 하다못해 통일부·외교부가 나서는 것이지 국방부가 하는 것이 아니다.

평화는 정치인이 말하는 것이지 군인이 말하는 것이 아니다.

"정치인들이 평화를 외칠 때 군은 전쟁을 각오하라"는 어느 노병의 전역사(轉役辭)가 귓전을 때린다.

국방부마저 이러면 도대체 국민들은 누구를 믿어야 할지, 부디 국방부를 향한 국민의 지탄과 원성이 마지막이 되도록 해주기를 간곡히 당부한다.

2019. 7. 4.

'그들이 사는 세상', '그들만 사는 세상'

문재인 정부의 전현직 고위공직자 상당수의 자녀가 특목고나 자사고, 해외 유학, 강남 8학군 출신인 것으로 드러나, 위선과 비애를 국민들에게 안기고 있다.

고교 서열화 타파를 명분으로 자사고와 특목고에 대한 일반고 전환을 국정 과제로까지 내세우고 막무가내 밀어붙이고 있는 문재인 정부가 아닌가.

정책의 옳고 그르고를 떠나, 이런 '이중성'이 국민들로 하여금 '정책 신뢰'를 심각하게 무너뜨리고 있는 것이 현 정부의 대표적 실상이다.

제 자식이 올라온 동아줄을 남의 자식이 쓰는 건 싫은 것처럼 국민들에게 보이고 있다.

자기 자식이 귀하면 남의 자식 귀한 줄도 알아야 한다고 국민들은 말

한다.

부동산 규제로 서민들의 내 집 마련의 꿈조차 막아버린 문재인 정부, 정작 자신들은 '부동산 투기꾼', '다주택자'였다는 사실이 밝혀진 지가 엊그제다.

'모두가 용이 될 필요가 없다'며 '우리들만의 따뜻하고 예쁜 개천을 가꾸자' 했던 조국 수석.

국민들에게는 자신은 용이 되고 우리는 영영 미꾸라지로 살라는 말로 들린다.

'그들'만 있고, '우리'가 없는 세상. 그래서 '그들만 사는 세상'.

'주변인'으로 살아가며, 자식만이라도 잘되길 바랐던 국민들에게는 참으로 서러운 날이다.

문재인 정부의 위선이 어제오늘 일이 아니지만, '교육 사다리'마저 걷어차는 위선은 더욱 참담하게만 다가온다.

2019. 7. 11.

문재인 대통령은
탈북 모자의 분향소에 분향하기 바란다

탈북 모자의 비극이 전해지고 수일이 지났지만 문재인 대통령은 일언반구 없고 통일부 장관이 무슨 말을 했다는 소리조차 전혀 들리지 않는다.

대한민국에서 사람이 '굶어 죽는' 일이 일어났다. 이게 대명천지 말이 되는 소리이며, 이런 일이 발생했으면 대통령은 물론 정부 여당이 자성

(自省)으로 '발칵 뒤집어졌어야' 정상이 아닌가.

그런데 어떻게 이렇게 무관심하고 이렇게 잠잠할 수가 있는가.

애통해하는 사람들의 눈물과 슬픔은 바다가 넘칠 정도인데, 무관심한 이의 외면과 무감각은 암흑처럼 적막하고 고요하다.

탈북자와 인권단체들은 문재인 대통령이 사과해야 한다고 촉구했지만, 사과는 고사하고 '가슴 아프다'는 말 한마디조차 없다. 최소한의 관심도, 그 무엇도 돌아오는 건 아무것도 없다.

정부의 무신경에 탈북자들이 조출한 분향소를 차렸다.

더 늦기 전에 문재인 대통령은 광화문의 분향소를 찾아 분향하고 조문하기 바란다.

우리 당 하태경 의원은 탈북자와 북한 인권을 '민폐'로 생각하는 문재인 정부의 인식이 초래한 비극이라고 질타했다.

청와대와 통일부 모두 탈북자를 남북관계의 '짐'으로 여기는데 어느 공무원이 탈북자 보호를 위해 적극적으로 일하겠냐는 것이다.

탈북자가 아니어도 이렇게 취급했겠는가. 탈북자는 우리 국민이다. 북한 '눈치 보기' 대상이 될 수 없다.

대통령은 과연 국민의 대통령이 맞는 것인가.

문 대통령은 대통령으로서 진심 어린 사과와 조문을 하기 바란다.

"목숨 걸고 왔는데 아사가 웬말인가! 사람이 먼저라던 문재인 대통령은 답하라!" 탈북자와 북한 인권을 생각하는 국민들이 눈물로 외치고 있다.

2019. 8. 18.

성난 민심을 가벼이 취급하지 말기 바란다

청와대와 여당의 '조국 엄호'는 국민들의 지지를 받을 수도 없음은 물론 국민들에 맞서겠다는 처사일 뿐이다.

이 정도로 의혹이 드러났으면 시급히 사퇴를 하고 국민에게 사과를 하고 상황을 수습해야 하는 것이 정상적인 판단일 것이다.

문재인 대통령과 청와대, 여당의 태도는 성난 민심과 너무나도 동떨어져있으며, 참으로 안하무인 그 자체이다.

지금 국민들은 오히려 '썩은 정부'의 극명한 표상으로, 조 후보자를 임명하라고 하고 있는 지경이다.

대통령은 17번째로 국회 청문회를 무시하고 조국 후보자를 장관으로 임명 강행해보기 바란다고 경고하고 있다.

'조국 임명 강행'은 곧 문재인 정부의 '무덤'이 될 것이고, 문재인 대통령은 조국 후보자를 안고 '늪'으로 빠져들 것이라는 국민들의 역설적인 경고이고 지탄이고 개탄이다.

국민을 무시하고 오만에 빠져있으며 자아도취의 관성에 젖어있는 청와대는 가히 섶을 지고 불로 뛰어들려 하고 있다.

부디 성난 민심의 화염을 가벼이 취급하지 말기 바란다.

국민들의 순수한 충고와 명령을 무시한다면, 오직 국민의 저항만이 기다리고 있을 것이다.

2019. 8. 21.

‘정치하겠다고 덤비는’ 이낙연 총리는 당장 물러나라

이낙연 국무총리도, 박상기 법무장관도 검찰을 비난하고 나오는 게 ‘정상’이 아니다.

대통령을 대신해 행정부를 총괄하는 총리가 산하 행정 부처를 이렇게 폄훼할 거면 그 전에 자신이 먼저 책임지고 옷을 벗는 게 순리다.

본분도, 책임감도 망각하고 내부 ‘총질’을 하고 있으니, 완전히 ‘콩가루 정부’가 아닌가.

결국 살아있는 권력에 대해 수사했다고 검찰에 노발대발하고 있는 이 총리다.

더욱이 검찰은 독립성이 중요한데 총리가 “검찰이 정치를 하겠다고 덤빈다”고 비난하는 것은 명백한 수사 외압이다.

국민들이 보기에는 이 총리가 ‘정치하겠다고 덤비는’ 것 같다.

우리 국민들은 문재인 정부 검찰은 ‘충견’ 중에서도 충견이라고 보고 있다.

무소불위 권력이 검찰 본연의 양심과 정의의 칼날을 다 ‘잘라버렸지’ 않은가.

그러면서 “살아있는 권력도 엄정하게 임해달라” 너스레를 떨던 문재인 대통령이었다.

그런데 이제 와 ‘충견이 주인을 문다’고 ‘정신 줄 놓고’ 비명을 지르고 있다.

국민들은 안중에도 없는 이율배반과 자중지란이 부끄럽지 않은가. 국민들 앞에 양심도 예의도 팽개쳤다.

노골적인 ‘수사 외압’으로 정치하겠다고 덤비는 이 총리는 총리 자격이 없다. 당장 물러나야 할 것이다.

2019. 9. 5.

검찰은 유시민 이사장 즉각 수사하고, '특권 카르텔'의 반헌법 항명자들을 발본색원 처벌할 것을 국민이 명한다

조국 후보자가 최성해 동양대 총장과 직접 통화했다는 사실과 그 통화 내용이 충격을 주고 있다.

증거 인멸과 위증 교사 혐의까지 추가해야 할 판이다.

검찰은 '시나리오' 운운하는 등 증거 인멸과 위증 교사 시도로 보이고 있는 유시민 노무현재단 이사장을 즉각 수사해야 한다.

유 이사장의 변명은 언론 기자를 모함하는 등 구차하고 비열하기 짝이 없다.

비슷한 행동으로 여겨지는 김두관 의원도 마찬가지다.

검찰이 수사를 통해 진위를 밝혀야 한다.

증거 인멸 정황이 속속 나오고 있는 조국 후보자 부인 정경심 씨도 즉각 구속 수사해야 할 것이다.

사실상 조국 후보자 비호를 위해 청와대와 더불어민주당, 국무총리와 법무부장관 등 문재인 정부의 당정청과 많은 여권 유명 인사들까지, 총체적이고 조직적으로 가세하고 있고, 총동원되고 있다.

윤석열 총장은 취임사에서 "공정한 경쟁질서의 확립"이 "검찰이 국민을 위해 중시해야 할 최우선 가치"라고 했다.

"공정한 경쟁이야말로 우리 헌법의 핵심 가치인 자유와 평등을 조화시키는 정의"라면서 "특히 권력기관의 정치·선거개입, 불법자금 수수, 시장 교란 반칙행위, 우월적 지위의 남용 등 정치 경제 분야의 공정한 경쟁질서를 무너뜨리는 범죄에 대해서는 추호의 망설임도 없이 단호하게 대응해야 할 것"이라고 밝혔다.

조국 후보자의 의혹들은, 공정한 경쟁이 '금수저' 특권층의 카르텔과 반칙, 편법, 몰상식과 비도덕에 의해 얼마나 심각하고도 손쉽게 무너지고 있는지 여실히 보여주었다.

청와대와 민주당 그리고 박원순 시장, 이재명 지사 등 유명 정치인과 조국 후보자를 비호해 나섰던 많은 유명 인사들은 결국 공정 경쟁에 저항하는 거대한 '특권 카르텔'이다.

급기야 대통령에 대한 항명, 쿠데타까지 말하고 있다. 검찰총장 탄핵까지 거론한다.

온갖 비명을 지르며 검찰을 겁박하고 협박하며 포박하고 있다. 이성을 잃은 총공세를 펼치고 있다.

국민들은 이들의 행태야말로 '국민에 대한 항명'이며 '헌법에 대한 쿠데타'임을 보고 있다.

검찰은 국민과 헌법의 이름으로 이 항명자들을 모조리 발본색원해 처벌해주기 바란다.

검찰이 윤 총장의 취임사에서 밝힌 최우선 가치에 충실한 임무를 수행하고 있다면 국민은 정권의 편이 아닌 검찰의 편임을 명심하기 바란다.

부조리한 정권이 저항하고 있고, 국민이 명하고 있다.

2019. 9. 6.

심상정 대표, 비겁하다

'정의당다움'을 놓아버린 정의당에 국민들의 실망이 크다. 정의당이 국민들로부터 크게 멀어지고 있는 상황이 안타깝다.

심상정 대표는 기득권을 위해 비겁한 길을 선택했다.

정의당에 '정의'는 없다. 이제 진보진영 전체에서 정의는 실종하였다.

진보진영의 자정을 위해 그나마 실낱같은 역할이라도 해주기를 바랐던 마음, 진보의 양심과 보루를 위해 최소한의 호루라기가 되어주기를 바랐던 기대는 애당초 헛된 것이었음을 깨닫는다.

심 대표가 지난 22일 말한 바, "이삼십 대는 상실감과 분노를, 사오십 대는 상대적 박탈감을, 육칠십 대는 진보진영에 대한 혐오를 표출하고 있다"고 한 데서 어떤 상황이 달라졌다고 생각하는지 궁금하다.

지금은 오히려 조국 후보나 문재인 대통령이 아니라 검찰을 비판하는 데 집중을 하고 있다.

"진영논리에 휘둘리지 않겠다"고 해놓고 결국 진영논리를 선택했다. "실체적 진실을 통해 검증을 하겠다"고 해놓고 드러난 실체적 진실에도 눈감았다.

진실을 밝히고자 하는 검찰을 비난하면서, 조 후보자의 의혹에 대해서는 처음에도, 중간에도 지금도 '모르겠다'는 식이다.

결국 정의당도, 심상정 대표도 '신특권카르텔'에의 동참을 선언했다.

조국 후보자의 위선을 통해 보여진 특권층만을 위한 우리 사회의 어두운 카르텔을 인정하고 그 편에 서겠다는 선택이다.

심상정 대표는 얼마 전 대표 수락연설에서, "이제 정의당은 정의당의 길을 갈 것"이라고 했다. "민주당과 개혁경쟁을 넘어 집권경쟁의 길로 나아가겠다"고 했다.

그러면서 "정의당이 권력을 가질 때 대한민국에 어떤 일이 일어날 것인지 상상해달라"고 했다.

민주당과 개혁경쟁, 집권경쟁을 할 수 있는 기회를 걷어찼고, 민주당보다 더 후퇴하며 뒷걸음질 쳤다.

기득권을 위해 비겁자가 되어버린 심상정 대표와 정의당을 보며, 국민들은 무엇을 상상해야 하는가.

'정의'에 민감하고 두근거렸던 그들의 '왼쪽 가슴'은, 더 이상 뛰지 않을 뿐이다.

2019. 9. 8.

검찰 공격하는 위선적 권력의 추함, 멈추기 바란다

우리 국민들은 '조국 사태'를 거치며 우리 사회의 '진보'를 자처했던 이들의 위선을 똑똑히 목격하였다.

'진보'를 말하고 '정의'를 말하며 큰 대중적 인기를 모았던 많은 유명 인사들 그리고 정치인들 또 이른바 '586 운동권' 정치인들 등 그들의 허위의식과 표리부동함을 적나라하게 보고 있다.

그들은 더 이상 우리 사회의 진보가 될 수 없으며 진보를 대표할 수 없고, 오히려 '기득권 수구 집단'이 되고 있다는 사실을 직시한다.

아울러 우리는 검찰을 비난하는 그들의 행태를 보며 문재인 정부 권력집단의 위선을 정면으로 본다.

아시다시피 청와대와 더불어민주당, 국무총리와 법부부장관 등 정부까지 총동원되어 검찰을 공격하고 있다.

'조국 사태'는 '제왕적 권력'과 검찰과의 일전(一戰)이 되어버렸다.

문재인 정부의 당정청은 '부조리한 권력카르텔'의 민낯을 알몸으로 보여주고 있다.

대통령의 인사권에 대한 도전, 대통령에 대한 항명, 쿠데타, 정치검찰 등 온갖 극단적인 말들이 다 쏟아져 나왔다.

'검찰을 수사해야 한다'면서 노골적으로 압박하고, '검찰총장을 탄핵해야 한다'고 주장한다.

그런데 이 사람들은 윤석열 검찰총장이 이 정부 들어서서 적폐수사를 지휘할 때 '윤비어천가'를 불러댔던 사람들이다.

오른편에 '조국 민정수석', 왼편에 '윤석열 총장'의 두 수레바퀴로 가는 '석국열차'에 온갖 기대를 품고 칭송을 아끼지 않던 사람들이다.

더욱이 윤 총장은 지난 정부 탄핵 당시 특검을 진두지휘했던 인물이다.

문재인 대통령은 윤석열 총장에게 임명장을 줄 때 "우리 윤 총장"이라고 친근감을 표현하며, "권력에 휘둘리지 않고 눈치도 보지 않고 아주 공정하게 처리해서 국민들 희망을 받으셨는데, 그런 자세를 앞으로도 계속해서 끝까지 지켜달라"고 말했다. 그러면서 "살아있는 권력에도 엄정하게 임해달라"고 했다.

국민들이 보기에 윤석열 총장은 전혀 달라진 게 없다. 특검 때나 적폐수사 때나 지금이나 똑같다.

검찰을 비판하는 문재인 정부 당정청의 '살아있는 권력카르텔'이 지금의 검찰 수사를 비판하려면, '정유라 부정입학' 수사도 잘못됐다고 말해야 할 것이다. '조국 부부'가 잘못이 없다고 말하려면 최순실 씨가 잘못이 없다고 고백해야 그래도 일관성이 있을 것이다.

검찰은 그때나 지금이나 다를 것 없이 하고 있는데 그들은 정반대의 다른 말을 하며 오히려 지금은 검찰을 공격하는 데 온 화력을 쏟아붓고 있다.

그러면서 '검찰 개혁'을 한다고 한다. '권력 기관을 개혁하겠다'고 한다. 어떻게 이런 '위선'을 가지고 '개혁'을 말할 수 있는지 국민들은 어처구니가 없다.

살아있는 권력을 겨누었다고 이성을 잃고 몽둥이를 휘두르는 사람들이 어떻게 권력 기관의 개혁을 운운할 수 있단 말인가.

결국 우리 국민들은 부끄러운 일부 '진보'의 위선과 함께 '문재인 정부'의 위선을 똑똑히 보고 있다.

문재인 정부 당정청의 인사들이 총궐기하여 검찰을 비판하려거든, '살아있는 권력에도 엄정하게 임해달라'고 했던 문재인 대통령을 먼저 탓하기 바란다.

부디 '위선적 권력의 추함'을 당장 멈추기 바란다.

2019. 9. 8.

검찰이 엄정한 수사로 정의를 세워야 한다

문재인 대통령은 '불법 혐의 연루자'를 '법무부 장관'에 밀어붙였다.

문재인 대통령에 의해 거부된 '사회 정의'는 결국 검찰의 몫으로 넘어갔다.

법무부 장관이 후보일 때 청와대와 여당 그리고 국무총리와 법무부 장관까지 나서서 검찰을 어떻게 압박하였는지 국민들은 똑똑히 보았다. 문재인 정부 당·정·청이 총동원되어 검찰을 위협하고 겁박하고 포박하였다.

과연 검찰이 법무부 장관과 그 가족에 대한 수사를 엄정히 할 수 있을지 국민들은 많은 의구심을 가지고 지켜보고 있다.

조국 법무부 장관은 취임사에서 '검찰 개혁'이라는 말을 아홉 번 했다. 수사받아야 할 사람이 검찰을 개혁하겠다고 강조하면 국민들은 어떻게 들어야 하는가. 조국 후보자가 하는 '검찰 개혁'이라는 말은 '검찰의 수사

포기’ 엄포로 들릴 뿐이다.

조국 후보자가 법무부 장관으로 임명되자 부인 정경심 씨는 물론 조국 장관이 연루된 불법 혐의자 및 의혹 관련자들의 태도가 돌변하고 있다.

검찰 수사 문건에서는 이미 ‘조국 피의자’로 적시되고 있다고도 한다.

검찰 조사 중인 피의자가 검찰을 지휘하는 법무부장관이 된 상황이다.

검찰이 결국 피의자 법무부장관을 오로지 법과 원칙에 따라 수사할 수 있을지가 우리 사회에 정의가 살아있는지, 우리나라가 국민이 주인인 민주주의 국가가 맞는지를 결정하게 되었다.

청와대와 여당, 정부는 더욱 노골적이면서도 은밀하게 검찰의 예봉을 꺾으려 들 것이 불을 보듯 뻔하다.

검찰이 굴복하여 ‘면피성 수사’를 하고 ‘면죄부 결과’를 내놓는다면 대한민국에서 정의와 법치와 민주주의는 영영 사라질 것이다.

검찰이 땅바닥에 내동댕이쳐진 정의를 다시 바로 세울 수 있을지 국민들이 지켜보고 있다.

검찰이 오로지 법과 원칙을 따를 때 그 누가 검찰을 협박하고 포박하여도, 국민이 검찰을 지킬 것이다.

검찰의 엄정한 수사를 촉구한다.

2019. 9. 10.

유시민의 적은 유시민이다

‘조국 사태’가 깨우쳐준 다행스러운 점이 있다면 대한민국 최고의 사이비 언술가인 유시민 노무현재단 이사장의 실체를 벗겨 보여준 일일 것이다.

조국 장관의 위선을 일컫는 말로 '조국의 적은 조국'이라는 명제가 탄생한 바 있다.

유시민 이사장 역시 그의 적은 그 자신일 것이다.

유 이사장은 '동양대 표창장 위조' 건이 당시 조국 후보를 주저앉히기 위한 '작업'이고 '가족인질극'이라고 했다.

'진실을 밝히는 것'이 '인위적인 작업'이라는 것이고, 검찰의 조국 장관 부인 정씨 기소가 가족인질극의 대미라는 말이다.

범죄자를 두둔하며 국민과 검찰을 인질범으로 둔갑시키고 있다.

문재인 대통령이 리스크를 안고 가는 것이라고 했는데 국민들은 문재인 대통령이 불평등·불공정·불의를 안고 가는 것이라고 말한다.

촛불을 든 대학생들을 향해 복면을 벗으라고 한 자신의 말을 거듭 정당화하는 유 이사장이, 민주노총이나 좌파 시위세력에게는 복면을 벗으라는 말을 하지 않는다.

유 이사장은 토론 프로그램에 나와 박근혜 정부를 비판하며 사마천의 사기를 인용한 적이 있다.

"제일 좋은 정치는 국민의 마음을 따라 다스리는 것이고 두 번째는 이익으로 유도하는 것이고 세 번째는 도덕으로 설교하는 것이며, 아주 못하는 게 형벌로 겁박하는 것이고 최악의 정치가 국민과 다투는 것"이라고, 청산유수처럼 말한다.

또 '법치주의란 본래 권력자가 헌법과 법률에 따라 통치하는 것을 의미한다' 하고, '법은 상식의 최소한'이라고도 한다.

그의 말에 비추어 지금 문재인 정부는 어떤가.

법치를 하고 있지도 않고, 법 이전에 국민의 상식을 무너뜨리고 있지 않은가.

'불법 혐의 연루자'이자 수사 대상자를 법무부 장관에 임명하고, 국민들이 지켜보고 있는데 법무부 장관이 수사 방해로 의심될 행태를 노골적으로 이어가는 게 법치인가.

국민의 '상식'은 이미 조 장관에게 아웃을 선언했는데 "의혹만으로 임명하지 않는 것은 나쁜 선례"라며, 유 이사장이 법보다 앞선다 한 상식과 윤리, '사회 정의'의 보편 가치를 대통령이 그저 짓밟았다.

최악의 정치가 국민과 다투는 것이라 했는데 역대 어느 정권도 국민과 이렇게 다투는 정권이 있었던가.

그러면서 유 이사장은 자신을 두고 "문재인 대통령께서 상당히 만족해하신다"며 흡족해했다.

흔히 '부끄러움을 모르는 사람'을 '공자도 포기한 사람'이라고 일컫는다.

'수오지심'이라곤 찾아볼 수 없이 세치 혀로 모든 것을 정당화하는 유 이사장이야말로 공자도 포기한 사람의 표본일 것이다.

2019. 9. 15.

9.19 군사합의 국민 불신 크다

'9.19 군사합의' 후 1년에 대한 우려가 크다.

북한은 합의서에 명시된 통천에서도 미사일을 발사하는 등 올해만 무려 열 번이나 미사일 발사 실험을 했다. 철저히 한국 공격을 목표로 한 고강도 전력 강화였다. 한국은 방어조차 어려운 신형무기 실험을 가속화했다.

우리 입장에서 중요한 비행정찰이 완전 차단되어 우리로서는 큰 타격이 됐고, 북측에는 큰 군사적 이점을 안겨주었다.

한미군사훈련을 대폭 축소 변경하였지만 북한의 트집과 이의 제기는 멈추지 않았다.

북한은 우리가 합의를 위반했다고 주장하고 있는데 우리는 북한의 잇따른 고강도 미사일 도발에도 불구하고 합의를 위반했다고 말하지 않는다. 오히려 북한의 소행을 축소하고 두둔하는 식으로 대응하고 있다.

9.19 군사합의는 그 자체로 이미 많은 문제점이 있지만, 북한의 군사도발과 간장 격화로 사실상 '휴지조각'이 되어가고 있다.

우리 정부 역시 이 합의에 기초해서도 북한에 분명한 말을 하지 못하고 방기하는 행태를 계속해서 보임으로써 국민의 불신도 더욱 키웠다.

북한도, 우리 정부도 태도를 바꾸지 않는 한 9.19 군사합의의 의미를 찾기 어려운 상황이다.

2019. 9. 19.

더불어민주당은 '조국 방탄'이 아닌 '조국 국정조사' 민의 즉각 수용하라

조국 장관에 대한 국정조사 실시를 찬성하는 여론이 압도적으로 높게 나오고 있다. 여당인 더불어민주당은 야당이 제기한 국정조사 '민의'를 즉각 수용해야 할 것이다.

조국 장관은 하루라도 법무부 장관 자리에 있어서는 안 될 사람이다.

법과 상식으로 도저히 용납될 수 없는 상황이 민주주의 법치국가에서 벌어지고 있다.

문재인 대통령은 국민의 말을 듣지 않는다.

교수와 변호사 등 지식인들의 선언, 상아탑 청년 지성들의 정의로운 함성조차 가벼이 보고 있다.

문 대통령의 복심이라는 양정철 원장의 말처럼 '무소의 뿔처럼 혼자 가겠다'고 한다.

조국 장관도 기호지세(騎虎之勢)로 내달리고 있다. 호랑이의 등에서 내려오면 민심의 먹이가 될 것 같기에 국민을 상대로 한 무책임한 사기와 도박을 이어가고 있다.

청와대와 여당도 문재인 대통령을 넘어 조국 장관 부부의 '변호사'나 '방탄 부대'로 자신을 전락시킨 지 오래다.

검찰 공보준칙 개정 '헛발질' 등 오로지 조국 장관을 지키기 위한 무리수를 거듭하고 있다.

바른미래당은 이미 밝힌 대로 국회가 할 수 있는 권한을 최대한 활용하여 상황을 바로잡도록 할 것이다.

국정조사를 통해 국회가 할 일을 하겠다.

국민의 의혹이 큰데 문재인 대통령이 요지부동이라면 국회가 나서야 한다.

문 대통령은 '법무부는 법무부의 일을 하고 검찰은 검찰의 일을 하면 된다'고 했지만 법무부도, 여당도 오로지 수사 방해에 집중하였다.

검찰이 검찰의 일을 하는 동안 국회도 국회의 일을 함으로써 검찰과 함께 진실을 드러내고 '거짓'에 맞서야 할 것이다.

2019. 9. 22.

한미관계 복원과 실질적인 북핵 해법을 위한 외교 활동을 바란다

문재인 대통령이 유엔총회 참석과 도널드 트럼프 미국 대통령과의 한미정상회담을 위해 출국하였다.

어느 때보다 한미관계가 악화되어있는 만큼 양 정상의 만남을 통해 오해를 불식하고 관계를 복원하는 것이 급선무다.

한국은 미국이 한미일 3각 안보체제의 고리로 중요하게 판단하고 있는, 한일군사정보보호협정의 파기를 재고하는 고민을 할 필요가 있다.

우리는 '동맹보다 국익이 먼저'라고 하고, 트럼프 대통령은 '한미연합훈련에 돈 쓰기 싫다'고 하고 있는 상황은 결코 한미동맹의 정상적이고 전통적인 모습이 아니다.

'북핵'을 머리맡에 두고서, '북중혈맹'을 과시하고 있는 북한에 대해 '한미균열'을 거꾸로 과시하고 있는 문재인 정부라 해도 과언이 아니다.

피로써 맺어진 한미동맹이 이렇게 가벼이 취급되는 것은 분명 비정상이다.

우리 국민들은 미국이, 한국이 처한 안보 위협을 미국이 위협받지 않는 한 방기하는 상황을 걱정하고 있다.

미국을 향하는 장거리미사일이 아니라면 어떤 형태의 미사일 발사 실험도 용인하는 상황은 이미 시작되었다.

문재인 대통령이 북한의 요구대로 '다른 계산법'으로 나아가려는 트럼프 대통령을 견제하기보다 더 부추길 가능성이 커 보인다.

'핵리스트'도 없이 영변 핵시설 폐기 정도로 북핵 문제를 봉합하고 넘어가는 식의 타협안을 우리 국민들이 받아들이기는 어렵다.

문 대통령이 유엔 총회 연설에서 허울뿐인 평화를 강조할까 걱정이다.

오지 않은 '평화의 봄'도 모자라서, 결실이 없는데 마치 결실이 영그는 듯 '평화의 가을'을 홀로 그리지 않기를 바란다.

한미관계 복원과 정상화, 실질적인 북핵 해법을 위한 대통령의 외교 활동이 되어야 할 것이다.

2019. 9. 22.

국민이 '위선 진보'·'가짜 진보'를 가려내고 있다

'조국 사태'는 우리 사회의 정의를 추락시켰지만 '위선자'들을 가려내는 '리트머스 시험지'가 되고 있다.

우리 사회의 진정한 진보를 위해 우리는 이 절망과 진통 속에서 '가짜 진보'와 '위선 진보'를 가리고 걸러내는 중이다.

우리 사회에서 정의와 공정, '약자의 편'을 말하며 대중적 인기를 모았던 많은 인물들과 세력들이 있다.

'유시민류'의 많은 정치 및 사회문화계 인사들의 진짜 면모를 국민들이 깨닫고 있다. 정의당의 추락도 한 예다.

문재인 대통령이 귀국하면서 여권의 기류는 검찰을 향한 총공세로 전환했다.

이낙연 총리도 말을 바꾸었고, 여당의 이해찬·이인영 지도부도 강경 발언을 쏟아냈다.

숟가락을 얹기 바빴던지 박원순 시장도, 검찰을 '국가권력의 흉기'라 칭하며 '흉기의 폭주를 막기 위해 다시 촛불을 들자'고 선동한다.

이인영 원내대표는 '서초동으로 향하는 촛불이 깨어있는 양심의 실천'

이라고 했다.

이것이 입으로 촛불을 말하는 위선 진보, 가짜 진보의 실체다.

이미 진보학자 최장집 명예교수는, "과연 지금 일어나고 있는 일이 촛불시위에 의해 권력을 위임받았다고 자임하는 정부가 보여주는 정치적 책임이라고 대통령이 말하는 거냐"고 지적했었다.

이것이 촛불을 능멸하는 가짜 진보와 '진짜 진보'의 경계이다.

문재인 대통령이 조국 장관을 택하고 검찰을 비판함으로써 전선은 대통령 대 검찰로 바뀌었다.

그러나 더 큰 전선은 문재인 대통령을 필두로 한 가짜 진보, 위선 진보와 헌법과 법률이 정한 정의와 양심의 진짜 진보의 대치다.

검찰이 개혁에 저항하는 것이 아니라 권력을 쥔 '위선의 카르텔'이 '헌법의 원천'인 국민에 저항하고 있음이, 국민이 보는 상식의 눈이다.

진짜인 척했던 그 가짜와 위선만이라도 정확하게 목도하고 솎아낼 수 있다면, 그리하여 '진짜 진보'를 바로 세울 수 있다면 우리 사회는 다시 한 걸음 진보할 수 있을 것이다.

2019. 9. 28.

이제 문재인 대통령은 국민에 대하여 책임을 져야 한다

헌법 제7조는, "공무원은 국민 전체에 대한 봉사자이며, 국민에 대하여 책임을 진다"고 규정하고 있다.

또 제11조는, "모든 국민은 법 앞에 평등하다"고 천명하고 있다.

헌법 제1조는, "모든 권력은 국민으로부터 나온다"고 새기고 있다.

대통령은 국민 전체를 위해 봉사해야지 특정개인이나 특정세력을 위해 봉사해서는 안 된다. 책임 역시 마찬가지다. 또 대통령은 헌법과 법률에 따라 권한을 행사하여야 한다.

문재인 대통령이 수사 대상자이자 피의자인 조국 장관을 비호하고 수사 중인 검찰을 비판한 것은, 국민들에게 국민 전체에 대한 봉사자로 보이지 않았다.

무슨 이유에서인지 대통령이 마치 조국 장관을 위해 봉사하는 듯 국민들에게 보이고 있다는 사실은 참으로 심각한 우려를 던진다.

상식을 벗어난 대통령의 옹고집에 그리고 헌법과 법의 경계가 아슬아슬하기만 한 대통령의 계속된 행보에, 이것이야말로 '국정농단'이 아닌가 하는 비판이 커지고 있다.

현 정국은, 폭주하는 기관차가 멈추어야 할 때를 많이 지나고 있는 형국이다. 국민들은 정녕 기관사를 끌어내려야 하는가 심각한 고민을 하고 있다.

'조국 임명 사태'로 폭주하는 '문재인 기관차'의 오만과 독선은 극단을 향해 치달렸다. 국민들을 태우고 갈 데까지 가보자며 질주하고 있다.

검찰의 수사 결과가 합당하게 나온다면 이제 책임은 조 장관에게만 국한되지 않고 바로 대통령에게 직결될 수밖에 없는 상황이다.

국민들은 수사 결과를 가지고 판단할 것이다. 그리고 공무원인 대통령은 국민의 판단에 응당한 책임을 져야 할 것이다.

윤석열 검찰총장은 자신의 취임사에서, "형사 법집행은 국민으로부터 부여받은 권력이고 가장 강력한 공권력"이라며 "국민으로부터 부여받은 권한이므로 오로지 헌법과 법에 따라 국민을 위해서만 쓰여야 하고, 사익이나 특정세력을 위해 쓰여서는 안 된다"고 밝혔다.

이제 국민의 관심은 오로지 검찰이 헌법에 따라 엄정한 수사를 하느냐, 권력에 굴복하여 특정세력을 위해 국민이 준 권한을 쓰느냐 그렇지 않느냐이다.

국민은 윤 총장이 자신의 말을 지킬 수 있을지를 냉정한 눈으로 지켜보고 있다.

민주주의 국가에서 법 앞에 누구도 예외가 될 수 없다. 모든 국민은 법 앞에 평등하다. 조국 상관도, 문재인 대통령도 예외가 될 수 없다. 그것이 민주주의다.

2019. 9. 29.

정씨 '황제소환' 문재인 대통령의 '맞춤 특혜'다

조국 장관의 부인 정경심 씨가 비공개 소환으로 검찰에 출석한 것은, 문재인 대통령이 만들어준 '맞춤 특혜'다.

불필요한 관행은 바뀌어야 하겠지만 그 첫 번째가 조 장관 부인 정씨에 대한 '황제소환'이 되는 것에 국민들은 냉소한다.

누가 봐도 대통령의 수사 개입에 따른 결과이고 '안성맞춤'이 아닌가.

문재인 대통령이 '인권 존중'을 말하고 '검찰개혁 지시'의 불호령을 내린 것은 결국 '조국 일가 수사를 조용히 진행하고 적당히 마무리하라'는 맞춤형 발언이었던 셈이다.

대통령의 연이은 '분기탱천'을 검찰이 거역하기 어려웠을 것이다.

검찰은 정씨를 황제 소환했다고 '황제 수사'해서는 안 될 것이다.

권력의 무도함이 아무리 크더라도 검찰이 꼬리를 내리지 않기를 바란다.

민주국가 대한민국에서 이제 검찰이 '법치 실종'을 막아주기를 국민들은 바라고 있다.

정씨 소환은 늦어도 너무 늦었다. 이미 조국 장관도 소환 조사했어야 했다.

정씨에 대해 철저하고 신속한 수사를 진행하고, 조국 장관도 속히 소환 조사해야 할 것이다.

2019. 10. 3.

'정면돌파해 총선 가자'는 '청와대 하명' 있었나

검찰은 조국 전 민정수석과 황운하 대전지방경찰청장을 즉각 소환해 조사해야 한다.

자숙은커녕 자신의 '총선용' 북콘서트를 강행하며 검찰의 '조국 수사'도 거침없이 비판하고 있는 황 청장을 보니, '정면돌파해 총선 가자'는 '청와대 하명'이 있었나 궁금하기만 하다.

무슨 '뒷배'가 있어 1년 동안 소환에 불응하고 있는 울산지방경찰청 소속 경찰관 11명도 즉각 체포영장을 발부해야 한다.

검찰은 군사정권에서나 있었을 법한 권력형 하명 수사와 선거 개입의 국헌문란 의혹 사건 조사에, 추호의 좌고우면도 없이 속도를 내야 할 것이다.

2019. 12. 10.

'VIP'가 직접 해명해야 한다

청와대의 울산시장 선거 개입 의혹의 중심에 'VIP'가 있었음이 드러나고 있다.

VIP의 직접 지시에 따라 청와대 비서실장과 민정수석이 일사불란하고 주도면밀하게 실행한, 총체적 관권부정선거에 국헌문란 사건의 실체가 더욱 뚜렷해지고 있다.

이제 송병기 부시장의 수첩에 적힌 VIP가 직접 해명해야 한다.

'하명 수사'도 충격인데 '상대 후보 매수 공작'에 '맞춤형 공약 수립과 이행'까지 과연 청와대는 준비된 '선거공작소'였고 청와대 참모진은 간큰 '선거기획단'이자 '선거조작단'이었던 셈이다.

보통의 선거에서도 흔치 않을 뿐 아니라 일벌백계 엄벌로 다스리는 일이다.

청와대가 이런 일을 저질렀다는 것은 심각한 위신의 추락이고, 국민에 대한 중대한 신의 위반이다.

불과 4년 전 청와대가 '총선 여론조사'를 한 혐의로 전직 대통령이 2년의 실형을 받은 게, 잉크가 마르지도 않았다. '문재인 청와대'의 울산시장 선거 개입 의혹은 이보다 훨씬 크고 심각하다.

2019. 12. 19.

'장관 불량품'이 '차관 정품'?

불량품 판정받은 물건은 더 이상 정품 행세를 하면 안 된다.

국민이 반품한 '장관 불량품'이 '차관 정품'은 된다는 마케팅은 소비자를 우롱하고 기업이 도산하는 지름길이다.

'문재인 청와대'가 딱 그 격이다.

문재인 대통령은 임기 절반에 청문보고서 없이 무려 17명을 임명 강행했다. 박근혜 정부 임기 통틀어 10명의 몇 곱절을 채울 공산이다.

장관급 인사가 이 지경이면 청문회 없는 차관급 인사는 말해 무엇 하겠는가.

과학기술계의 반발로 결국 낙마했던 박기영 前 과학기술혁신본부장, '살충제계란 사태'에도 자리보전했던 류영진 前 식약처장이 다 문 대통령의 '내 마음대로 인사'였다.

문 대통령의 '묻지 마 차관급 인사'가 '지뢰 심기'가 아니길 바란다.

국민들은 이미 수없이 내깔렸을 지뢰가 어디서 언제 또 터질지 불안하기만 하다.

2019. 12. 19.

박범계 적폐청산위원장의 '적폐 커밍아웃'이자 '문 정권 신적폐'의 표본

민의의 전당에서 '조국-윤석열 신파극'을 토해내는 더불어민주당 박범계 의원이 국민들 눈에는 '참으로 정신 나간 사람'이다.

박범계 의원은 그래서 '윤석열 형'에게 "대단히 서운하다"고 말하는데 도대체 공과 사를 구분하지 못하는 처사다.

박 의원은 여당의 적폐청산위원장을 맡고 있는데 당장 사퇴한다 해도, '도대체 무엇 하는 사람들인지' 국민들의 의구심이 씻기지 않을 것이다.

범죄 수사를 하고 권력의 비리와 부패를 파헤치는 데 '서운함'이 무슨 기준이란 말인가.

결국 문재인 정권의 적폐청산이 '사적인' 것이었고 윤 총장도 사적으로 임명했으며 그리하여 사적으로 기대했는데 어떻게 이럴 수가 있는지, 그래서 대단히 서운하다는 '고백'을 하고 있는 것인가.

'범죄를 봐주지 않아 서운하다'는 소리를 민의의 전당의 마이크를 붙잡고 하고 있으니, 우리 국민들은 도대체 저것이 무슨 사고방식이며 저런 인사가 국회의원이 맞는지 의문이다.

고위공직자가 저런 생각을 하고 저런 말을 토해내고 있는 것 자체가 바로 적폐가 아닌가.

국민들은 정의와 공정을 사적인 정의, 자의적 공정으로 추락시킨 그 위선에 분노하고 있는데 여당의 적폐청산위원장이라는 이의 입에서 저런 '적폐'가 터져 나오고 있으니, 아직도 이 정부는 정신을 못 차리고 있다.

박범계 적폐청산위원장의 '적폐 커밍아웃'이며, '문 정권 신적폐'의 표본이다.

2019. 12. 28.

얼굴이 두꺼워 죄의식이 없는 청와대

조국 전 장관 기소 내용에 대해 '태산명동서일필(泰山鳴動鼠一匹)'이라는 청와대에게 돌려줄 말은, '얼굴이 두꺼워 부끄러움을 모른다'는 '후안무치(厚顔無恥)'밖에 없다.

뇌물수수와 청탁금지법 위반, 공직자윤리법 위반, 증거 위조 등 조 전 장관의 11개 혐의는 면면이 충격적이기만 하다.

문재인 정권은 임기 절반을 고작 넘기고 '서슬 퍼렇다'는 민정수석이 이렇게 지저분하고 심각한 혐의들로 기소가 되고, 이 외에도 각종 권력형 비리로 기소되거나 조사를 받고 있는데, 이 상황이 '쥐새끼 한 마리 튀어나온 격'이라는 말인가.

조 전 장관 당사자 외에도 청와대, 여당이 조직적으로 나서서 온갖 부인을 하고 검찰을 압박하고 겁박했지만, 각종 의혹들은 결국 증거를 통해 명백한 사실로 판명이 났다.

국민들은 문재인 대통령이 국민 앞에 정중히 사과를 해도 모자란다고 생각한다.

그러나 정반대다.

정말 부끄러움을 모른다.

'얼굴이 두꺼운' 정권이 죄가 뭔지도 모르고 죄의식도 없다.

명명백백한 수사 결과에도 '대통령의 인사권을 흔든 수사'라는 말을 던지는 청와대는 가히 정상이라 할 수 없다.

2019년 마지막 날 청와대가 '후안무치함'의 뜻을 국민들에게 너무나 선명하게 각인시킨다. 참으로 국민들 가슴은 '탄식'뿐이다.

2020년 새해 '국민의 정의'가 심판을 내리는 수밖에 도무지 방법이 없음이 더욱 분명할 뿐이다.

2019. 12. 31.

대통령의 '가장 보람된 일'이 국민에게는 '가장 두려운 일'이 된 안보 현실, 각성과 대책 시급하다

새해 벽두 북한의 고강도 안보 위협에 심히 우려를 표하며 경악을 금치 못한다.

먼저 우리는 '핵·미사일 개발 재개'와 '새로운 전략무기 개발' 등 북한이 밝힌 '새로운 길'은 결국 북한 김정은 정권의 '몰락의 길'이 될 것임을 분명히 밝힌다.

우리 정부는 북한의 위협에 국민을 지키고 안심시킬 실질적인 대책을 시급히 강구하고 내놓아야 한다.

북한이 그간의 남북미 노력에 일방적인 파탄을 선언한 것은 곧 문재인 대통령의 '허황한 평화'의 파탄을 의미한다.

문재인 정부야말로 '과거의 길'을 고집할 게 아니라 대오 각성을 통해 새로운 길을 국민 앞에 내놓아야 한다.

그 긴 발표문에 남북관계에 대한 언급은 단 한 차례도 없는 등 문재인 정부는 일방적인 '북한 구애'의 비현실성을 냉정히 인식하고 인정해야 한다.

그간의 '허황한 평화론', '과대망상 역할론'이 가져온 대내외 안보 공백과 위협에, 문재인 정부는 오히려 강한 책임을 느껴야 할 것이다.

당장 한미 동맹의 견고한 복원과 한일 갈등의 조기 해소를 위해 더욱 노력해야 한다.

문재인 대통령이 '가장 보람을 느낀다'는 일이 우리 국민에게는 '가장 두려운' 일이 되어있는 기막힌 현실을 부디 직시하기 바란다.

2020. 1. 1.

‘정의당’의 ‘정의’, 시궁창에 던져버려라

당명에 ‘정의’라는 단어를 쓰는 정의당이 참 부끄럽다.

계속되는 ‘이율배반’이 추(醜)하고, 돈으로 청년의 정의를 사겠다는 마음이 악(惡)하다.

문재인 대통령의 검찰 장악 수사 방해 인사를 “표적, 과잉수사로 논란을 불러온 수사책임자들에 대한 문책성 인사”라고 하던 입으로, 청년의 불평등 해소를 위해 만 20세 청년 전원에게 3,000만 원을 지급하겠다고 한다.

‘부모 찬스’가 없는 청년에게 ‘사회 찬스’를 주자면서 부모 찬스의 가장 추악한 면모를 보여준 조국 부부를 옹호한다.

정권의 비리를 수사하는 검사들을 정권이 전부 날려버리는, 군사독재 시절에도 보지 못한 전횡과 불의를 박수 치면서, 정의에 가장 민감한 청년을 사회가 책임지자고 한다.

이 같은 이율배반은, 정의와 공정만을 바라는 청년 정신에 대한 모욕이고 모독이 아닌가.

정의당 심상정 대표는 ‘조국 사태’ 초 조국 씨를 옹호했다가 당이 반쪽이 나는 여론의 뭇매를 맞고서는, 느닷없이 군 장병 월급을 100만 원으로 올리겠다고 발표했다.

이번에는 ‘부자 부모’를 가졌더라도 20세가 되면 전원에게 3,000만 원을 지급하는 포퓰리즘을 ‘좋은 포퓰리즘’이라고 주장한다.

한 손에서는 ‘불의’를 흔들고 한 손으로는 돈으로 청년의 환심을 사겠다는 두 얼굴이 추악하기만 하다.

정의당이 조금이라도 부끄러움을 면하려면 당장이라도 ‘정의당’의 ‘정의’를 스스로 시궁창에 던져버려야 할 것이다.

2020. 1. 9.

권력을 사유화해 '국민에게 항명하고' 있는 이들, 용서받지 못할 것이다

자신을 수사한다고 보복성 인사를 감행한 이들이야말로 권력을 사유화해 국민에게 항명한 것임을 분명히 밝힌다.

중심에는 문재인 대통령이 있다. 추미애 장관은 '짜여진 장기판'의 졸에 불과했으며, 여기에 이낙연 총리, 이해찬 더불어민주당 대표가 가세하고 있다.

다 한통속이다.

장관은 허수아비고, 국무총리는 한낱 '하수인'으로 전락했으며 여당 대표는 '홍위병 대장' 역할을 충실히 수행하고 있을 뿐이다.

이낙연 총리는 '조국 사태' 초, "검찰이 정치하겠다 덤빈다" 했던 바 있다.

청와대와 정부, 여당이 손발을 맞추며 검찰을 공격하던 풍경은 이미 익숙하다.

대선주자 1위를 달리는 이낙연 총리는 법치주의와 헌법을 유린하는 권력의 광기에 편승함으로써 이제 그 자격을 상실했다.

종로에 나오겠다는 이낙연 총리를 정치 1번지 국민들이 심판해야 한다.

"항명을 그냥 넘길 수 없다"는 이해찬 대표의 흥분은 익숙한 망발에 망언일 뿐이다.

여당 대표로서 권력 사유화를 방조하며 강화해온 역사적 책임을 오히려 면치 못할 것이다.

권력을 사유화한 대통령의 말로는 이미 분명하다. 민주국가의 국민이 결코 용서하지 않을 것이다.

2020. 1. 10.

압수수색 거부,
문재인 대통령의 '헌법 수호 의지' 드러나지 않는다

청와대가 검찰의 압수수색을 거부한 것은 '헌법 수호 의지'에 큰 의심을 낳는다.

데자뷔다.

국민들은 박근혜 전 대통령 탄핵 정국 당시 보았던 청와대 압수수색 거부를 떠올린다.

결국 헌법재판소는 이 점을 "법 위배 행위가 반복되지 않도록 할 헌법 수호 의지가 드러나지 않는다"는 사유에 주요하게 산입하였다.

대통령 파면은 중대 사안이기에 법 위배 행위도 중요하고, 반복되지 않도록 할 헌법 수호 의지도 중요하게 본 것이다.

자신을 수사한다고 '대통령의 인사권'이라는 미명하에 검사들을 공중에 날려버린 청와대는 법원의 압수수색 영장마저 무시했다.

'사법 방해'는 헌법 질서를 무너뜨리는 중대한 위법 행위이다.

'문재인 청와대'의 일련의 언행을 보면, 법 위배 행위가 반복되지 않도록 할 헌법 수호 의지가 드러나지 않는다.

심각한 위기다.

2020. 1. 11.

‘윤석열 항명’ 영화의 반전은, ‘자폭’인가

당·정·청이 ‘윤석열 항명’ 프레임을 만들려고 안간힘을 쓰고 있지만 정작 법과 규칙을 위반한 사람은 추미애 법무장관이었다.

보도에 따르면 박상기 법무장관과 노무현 정부의 강금실 법무장관 당시도 지켜진 규칙이었다고 한다.

사전에 충분한 내용의 인사안이 전달되고 제3의 장소에서 독대를 통해 의견을 조율했다는 것이다.

상식이 있다면, “법무부장관은 검찰총장의 의견을 들어 검사의 보직을 제청한다”는 검찰청법 34조 1항은 ‘검찰 독립’을 위한 조항이지 ‘인사위원회 30분 전 호출 요식행위’를 위한 것이 아니다.

“명을 거역했다”는 왕조시대의 언사는 뻔뻔한 추미애 장관 본인 얼굴로 반사시켜야 마땅하다.

추 장관이 법과 규칙을 깬 것이다.

김준규 전 검찰총장은 추 장관을 향해 “쇼를 한 것”이라고 했다.

문재인 대통령은, 전화 수화기를 들고 시급히 추 장관에 대한 “필요한 대응”을 이낙연 총리에게 지시하는 ‘퍼포먼스’를 연출하기 바란다. (이낙연 총리가 그랬던 것처럼.)

이낙연 총리는 “그냥 둘 수 없다. 추미애 장관에 대한 징계 관련 법령을 찾으라” 당장 지시해야 할 것이다. (추미애 장관이 그랬던 것처럼.)

문재인 대통령 감독에 추미애 장관 주연, 이낙연 총리 조연, 이해찬 더불어민주당 대표 무술감독 ‘윤석열 항명’ 영화의 반전은, ‘자폭’인가.

2020. 1. 10.

국민이 경고한다

무도한 권력에 의해 자행되고 있는 '불의'를 우리 국민들은 매우 고통스럽게 지켜보고 있다.

수사대상인 권력이 검찰을 포박하고 억압하는 행태는 피의자가 검사를 포승줄로 묶는 것과 같다.

자신을 수사하는 검사들을 날려버리고 법원의 압수수색 영장도 깔아뭉갠 청와대가 사유서조차도 없이, 앞으로도 압수수색을 계속 거부할 것이라고 한다.

수사지휘부를 날리고 특별수사팀도 못 꾸리게 하고 게다가 후속 인사와 직제 개편, 윤석열 총장 감찰 등을 예고하는 등 윤 총장의 사퇴는 물론 수사 자체를 완전히 박살 내려 하고 있다.

우리 국민들은 검사들에게 말한다. '나쁜 놈을 벌주는' 사람이 검사라고. 검사는 누가 됐던지 나쁜 놈에 눈감지 않는다는 사실이 진실임을 믿는다.

그리고 명한다. 수사에 조금도 후퇴가 있어서는 안 된다. 결코 멈추고 덮어서는 안 된다.

아울러 우리 국민들은 문재인 대통령과 청와대에 분명히 경고한다.

내 손안의 권력이 아무리 강해도 법과 민주주의를 이길 수는 없다.

헌법과 법치주의, 민주주의를 유린하는 행위는 역사의 법정에서 반드시 추궁되고 심판받을 것이며, 응당한 처벌을 받을 것이다.

2020. 1. 12.

이해찬 대표 깊이 사죄하고 대표직 물러나라

이해찬 더불어민주당 대표는 장애인들에게 마음에서 우러나는 진정한 사죄를 하고 당장 대표직에서 물러나기 바란다.

베트남 여성 모욕, 장애인 비하, 경력단절 여성 비하까지 계속해서 저급한 발언을 이어가던 이 대표가 또 선천적 장애인을 모욕하는 발언을 해 사회적 물의와 실망이 크다.

선천적 장애인들의 가슴에 대못을 박은 말로서 그 상처를 치유할 길이 없다.

장애인과 가족들이 느낄 분통과 울분을 떠올리니 국민의 한 사람으로서 송구하고 가슴 아프며, 대신 사죄하고픈 심정이다.

이 대표는 백배천배 사죄하고 용서를 구해야 할 것이다.

말만이 아니라 선천적 장애인들 고통이 어느 정도인지, '그 삶의 의지가 얼마나 크고' 고귀한지를 최소 1,000시간 자원봉사를 하며 석고대죄 해야 할 것이다.

"꿈이 없다고 해서 멍하게 살면 안 된다"는 청년을 향한 말도 전형적인 '꼰대 본색'이요 '염장 발언'이다.

이 대표는 여당 대표로서 참으로 무책임하다.

경력단절 여성을 향해 '노력하지 않는다' 말하기 이전에 효과적인 대책부터 수립해야 할 것이고, '멍하게 살면 안 된다' 하는 말 이전에 '청년의 꿈을 빼앗은' 책임부터 통감해야 할 것이다.

이해찬 당대표는 가히 비하 발언의 달인이요 사고뭉치다.

자라나는 미래 세대에 대단히 비교육적이고, 그 지위만큼 사회적 악영향도 크다.

말실수가 잦은 것은, 기저에 천박한 인식과 여당 대표로서의 무책임함과 나태함이 깔려있기 때문이다.

아픈 가슴에 소금 뿌리는 공감 능력 제로, 무책임 100% 이해찬 대표는 이미 '삼진아웃'을 넘었다.

깊이 사죄하고 당장 대표직에서 물러나야 할 것이다.

2020. 1. 15.

전세대출 막차 이낙연 前 총리의 '화룡점정'

이낙연 前 총리가 전세대출 막차를 탈 모양이다.

9억 원에 전세 계약을 맺고 현금이 4억 6,000만 원 정도 있다니 못해도 5억 원은 대출을 해야 할 것이다.

정부의 '12.16 대책' 시행일 전에 극적으로 계약한 이 前 총리는 전세대출을 받을 수 있다.

국민들은 이 前 총리를 보며 이 정부의 이중성을 다시 한번 본다.

국민들을 향해서는 집 팔라고 대출을 조이면서 자신은 집을 팔지도 않고 용케도 규제를 피해 하고 싶은 대로 다 하고 있기 때문이다.

물론 이 前 총리는 비싼 토지가 있어 토지 대출로 없는 돈을 메울 수도 있다고 한다.

이 전 총리는 토지라도 있지만 집밖에 없는 국민은 꼼짝없이 집을 팔아야 한다.

김의겸 前 청와대 대변인의 '재개발 부동산 투기', '똘똘한 3채'로 총 23억 원의 시세 차익을 만든 국토부장관 후보자 등이 떠오른다.

이 前 총리는 문재인 대통령 다음의 정책 책임자다.

이 정부의 이중성은 지위고하를 가리지 않는 것 같다.

이 전 총리는 대선주자 1위로 정치 1번지 종로에서 빅매치를 하겠다며 화려한 행보를 하고 있다.

그러나 국민들은 이 정부의 이중성에 '화룡점정'을 찍는 이 前 총리를 볼 뿐이다.

이 정부가 안겨준 심각한 자괴감과 위화감, 상대적 박탈감 등이 이 前 총리를 보니 다시 한번 치밀어 올라 국민들 속을 뒤집는다.

2020. 1. 16.

문재인 대통령 눈물겨운 빚 갚기가 국민의 가슴을 울린다

문재인 대통령은 조국 전 장관에 대한 '마음의 빚'을 한편으로는 이성윤 서울중앙지검장과 심재철 반부패·강력부장 등 '검찰 인사권 행사'를 통한 '무혐의 처분' 기도로, 한편으로는 '조국 아바타'를 조 전 장관을 대신하도록 승진시키는 것으로 갚으려는 모양이다.

눈물겨운 빚 갚기가 국민의 가슴을 울린다.

김미경 신임 균형인사비서관은, 조국 전 장관이 민정수석일 때 밑에서 일했고, 문재인 대통령이 국민의 반대에도 조 수석을 법무부장관으로 밀어붙일 때는 청문회 준비를 도맡고 장관 보좌관으로 따라갔던 사람이다.

문재인 대통령이 '친문 국정농단'의 중심에 있는 조국 전 장관과 '일심동체(一心同體)'임을 일부러 과시하는 것 같다.

혹은 마음의 빚 이상으로 단단히 빚진 게 있는가 싶다.

한편 조 전 장관은 범죄적 문제는 둘째 치고 이미 문재인 정부 인사 참사의 책임이 큰 사람이다.

조 전 장관을 찰떡같이 보좌하던 '수하'를 균형인사비서관에 앉혔으니, 균형 인사가 아닌 편향 인사에 '망사(亡事) 인사'가 계속될 것임은 불을 보듯 뻔하다.

2020. 1. 20.

국방부는 국기문란 행위 당장 중단하라

국방부가 국방홍보원장에 '천안함 비하' 논란이 있는 인사를 임명한 것은 가히 '국기문란' 행위다.

국방부 합동조사단의 과학적인 수사 결과에 대해 '왜곡 가능성'을 강하게 제기했던 인물이다.

국방부 장관은 천안함·연평도 서해 도발을 "불미스러운 충돌"에 "이해할 부분이 있다"고 하더니, 이제는 국방홍보원장을 통해 '천안함 괴담'을 홍보하려 하는가.

이미 국민들은 국방부가 안에서부터 허물어지고 있음에 심각한 우려를 갖고 있다.

이제는 '천암함 폭침' 사실조차 송두리째 부정함으로써 국가 수호의 국기를 문란케 하려 한다.

안보에 있어서 가장 중요한 것이 '안보 정신'이고 '안보 태세'다.

6.25전쟁 70주년 기념사업을 북한과 공동 추진하자던 국방부다.

얼마나 더 망가져야 하는가.

국기문란 행위를 당장 중단하라.

2020. 1. 22.

국민이 용서하지 않을 것이다

'1.8 1차 검찰 학살'에 대해 진보 성향 판사마저 "대한민국 헌법 정신에 정면 배치된다" 경고했음에도 불구하고, 무도한 정권이 '2차 검찰 학살'을 자행했다.

법무부 장관은 허수아비일 뿐, 문재인 대통령의 전적인 지시에 따른 것임을 국민들은 충분히 간파하고 있다.

노골적인 사법 방해이고 명백한 권한 남용임이, 이미 정해진 국민의 판단이다.

국민이 위임한 권력을 오직 공적으로, 법에 따라 올바로 사용하라는 국민주권주의와 법치주의에 정면으로 배치되는 처사다.

1차 학살은 '대통령의 인사권'이라며 밀어붙였지만, 2차 학살은 고검 검사급은 1년간 보직을 보장하도록 한 인사 규정마저 무시한 '꼼수 인사'다.

우리는 대한민국 헌법과 법치주의에 근거해 그 죄상을 낱낱이 밝히고 응당한 처분이 따라야 함을 분명히 밝힌다.

국민들은 윤석열 검찰총장과, 굴종하지 않는 검사들을 지지한다.

'친문 국정농단'과 그 수사를 막는 문재인 대통령의 '권력 사유화'와 횡포, 그 허수아비와 행동대장들을 국민과 역사는 결단코 용서하지 않을 것이다.

2020. 1. 24.

꽃다운 아이들 보낸 지 1년 만에 같은 사고라니 '국민 안전권 정부' 아니다

명절 당일 발생한 동해 펜션 폭발 사고에 인재(人災) 가능성이 제기돼 허탈감이 앞선다.

명절 연휴를 보내러 온 일가친척들이 참사를 당한 것이라 더욱 안타까움을 금할 수 없다.

꽃다운 아이들을 하늘로 보낸 강릉 펜션 가스 사고가 발생한 게 불과 1년 전이다.

세월호 참사 이후 다짐에도 불구하고 어른들의 잘못은 바뀌지 않았다.

정부는 펜션 시설에 대한 일제 점검을 한다고 해놓고 도대체 어떻게 된 영문인가.

이번에 사고가 난 동해 펜션은 영업 신고가 되어있지 않은 미등록업체였다고 한다.

소방당국이 '화재 안전 특별조사'를 벌이며 이 사실을 확인하고도 건축주의 거부로 내부 점검을 하지 못했으며 동해시에 위반 사항을 통보만 했다고 한다.

이 정부 들어, 이처럼 비슷한 사고 유형이 계속해서 반복되고 있다.

한 번 사고가 나 점검을 한다고 해놓고 똑같은 사고가 그대로 재발하는 것은 결코 가벼이 넘겨서는 안 된다.

드라이비트 외벽 방화 대책과 관련해서도, 지난 2017년 29명이 희생된 제천 스포츠센터 화재와 2018년 47명의 생명을 앗아간 밀양 세종병원 화재가 같은 식으로 피해를 키운 것이었으나 그 이후 비슷한 사고가 계속 이어지고 있다.

이 정부는 '국민 안전권 정부'를 천명하면서도 도무지 달라진 것을 느낄 수 없다.

동해 펜션 폭발 사고의 철저한 원인 규명과 수습 및 대책을 촉구한다.

2020. 1. 26.

조국 교수는 스스로 '기생충'이 되었다. 물끄러미 보고 있는 대한민국의 학자적 양심도 썩고 있다

서울대로 복귀해 강의 개설을 한 조국 교수에 대해 학교 측이 직위해제를 결정했는데, 당연한 결정이 늦어도 너무 늦었다.

재학생들이 2만 2,000여 명이나 파면과 직위해제를 촉구하는 서명을 했는데도 미적댔다.

죄를 짓고 학생들에게 막대한 물적 정신적 피해를 주고도 이렇게 뻔뻔하게 자기 취할 것 다 취하는 교수는 역대 출현한 적이 없다.

'폴리페서 내로남불'과 염치없음, 비리 등 각종 논란은 뒤로하더라도 조 교수는 기본적으로 교수 자격이 없다.

딸아이의 허위 논문 게재를 알고 있었고, 허위인턴증명서에 아들의 오픈북 대시(代試)까지, 이는 교수가 생명처럼 지켜야 할 연구 윤리의 관점에서 결정적인 자격 박탈 사유다.

본인이 학자로서의 양심이 있다면 벌써 교수직을 내려놓고 물러났어야 한다. 보통 사람 같으면 그 자책과 고통이 살아 숨쉬기도 어려울만큼 컸을 것이며, 세상의 처분 역시 가차가 없었을 것이다.

조 교수를 물끄러미 보고 있는 대한민국의 학자적 양심이 썩고 있다고 해도 과언이 아니다.

조 교수는 본인이 스스로 '기생충'이 되었다. 그 이상 어떤 말로도 표현하기 어렵다.

서울대학교는 최소한 '가르치는 곳'이고 '학문하는 사람들'의 집단이 되고자 한다면, 조 교수를 무책임하게 보고 있을 게 아니라 '양심에 따라' 당장 '파면'해야 할 것이다.

2020. 1. 29.

만천하에 드러난 '하명 수사' 폭거, 문재인 대통령 관여했는지 밝혀야 한다

검찰이 울산시장 선거 '하명 수사' 의혹과 관련 송철호 시장과 황운하 전 청장, 한병도 전 정무수석, 백원우 전 비서관 등 13명을 기소했다.

만천하에 드러난 사건의 전모에 국민들은 참으로 충격과 공분을 느낀다.

청와대가 조직적으로 개입하여 송철호 시장을 당선시키기 위한 전방위 공작을 벌였다. 송 시장은 황 전 청장에게 수사 청탁을 했고, 백원우 전 비서관은 수사 첩보를 하달하여 이행 점검을 하고 황 전 청장은 미온적인 경찰관들을 인사 조치했다.

청와대가 송 시장 공약을 만들어 주기 위해 예비타당성 조사 발표 연기도 공모하고 한병도 전 정무수석은 송 시장의 당내 경쟁자를 매수했다.

살아있는 권력을 이용해 손쉽게 선거에 개입한 것으로, 민주사회에서 도저히 용납되어서는 안 되는 중대 범법 행위이고 반민주적 폭거이다.

우리 국민들은 우리 대한민국이 이렇게 허약한 민주주의 위에 서있고, 권력이 이렇게 범법을 겁 없이 넘나들어도 된다고 생각하지 않는다.

임종석 전 비서잘장이 밝혔듯이 청와대는 검찰총장의 정치 수사요 검찰권 남용으로 규정하고 있다.

국민들은 법 앞에 예외를 주장하는 반헌법과 반법치주의와 반민주주의적 발상이자 주장이라고 본다.

국민들은 이미 임종석 전 비서실장의 발악 따위에는 관심도 없다. 이제 검찰은 문재인 대통령이 직접 지시하였는지 어떻게 관여하였는지 밝혀야 할 것이다.

문재인 대통령은 '대통령의 인사권'이라며 검찰 수사의 예봉을 꺾으려는 크나큰 무리수를 뒀다. 이를 통해 국민들은 문 대통령에 대한 의심만 커졌다.

검찰은 그 의심을 명명백백하게 가려줘야 한다. 적당히 타협한다면 검찰 역시 국민들이 곱게 보지 못할 것이다.

2020. 1. 29.

'나쁜 놈 벌주는' 게 검사다

문재인 정권에 의한 '2차 대학살'로 지방으로 전출 가는 검사들의 전출식에서, 윤석열 검찰총장은 "법과 원칙을 지키고 저항을 뚫고 나가는 것이 검사의 사명"이라고 강조했다.

국민들이 어느 때보다 검사 개개인을 향해 '나쁜 놈 벌주는' 정의로운 검사의 사명을 바라고 있는 것과 같은 맥락이다.

“책상만 바뀌었을 뿐 책무는 바뀌지 않았으며, 어느 위치에서든 검사의 정체성과 공직자로서 본분을 잊지 말라”고 한 것 역시 국민들은 백분 공감한다.

‘살아있는 권력’이 헌법과 법치주의 그리고 민주주의를 농단하고 있다.

검찰에 대한 신뢰와 기대가 이렇게 모인 적도 없다.

우리 헌법 제1조는 ‘모든 권력은 국민으로부터 나온다’고 규정하고 있다.

국민들은 ‘민주공화국의 검사로서의 본분을 기억하라’ 명령하고 있다.

살아있는 권력 앞에 ‘국민이 살아있음’을 보여주어야 한다.

이것이 최고의 ‘검찰 개혁’이다.

이 점 명심해주기 바란다.

2020. 1. 31.

‘방역 구멍’ 심각하다. 민첩하고 전면적인 대처에 나서야 한다

‘우한 폐렴’ 대책에 신뢰가 무너지고 있다. 더욱 적극적이고 전면적인 대처가 필요하다.

2차 감염자를 넘어 3차 감염까지 갔다. 그 과정은 허술하기 짝이 없어, 막을 수 있는 상황이 세 번이나 구멍이 났다. 이외에도 혼선과 허점이 계속해서 이어지고 있다.

우한 폐렴에 대한 문재인 대통령의 일성은 “과도한 불안감을 갖지 말라”는 것이었으나 며칠 만에 “과하다 싶을 만큼 강력 대응하라”고 했고, 이제는 속수무책으로 ‘과도한 방역 구멍’이 숭숭 뚫리고 있다.

미국은 중국 여행 금지 권고를 하여 중국 운항 노선이 전면 중단됨은 물론 중국을 다녀온 외국인도 입국을 금지시켰다. 많은 나라들이 비슷한 조치를 취하고 있다. 러시아도 일부 국경 폐쇄를 하고 북한도 국경을 전면 폐쇄하고 있는데 하루에만 2만 명이 입국하는 우리나라는 전혀 어떤 대책을 내놓지 않고 있다.

오히려 중국인들을 향해 이 틈에 안전한 한국으로 관광 오라고 홍보를 하고 다녔던 문화체육관광부 장관은 쥐구멍에 숨었는지 보이지 않는다.

정부는 중국 출입국 제한 및 금지를 포함한 모든 방안을 놓고 다각도의 검토와 함께 보다 민첩하고 전면적인 대처에 나서야 한다.

대통령이 국민을 먼저 걱정하며 초기에 '과도한 불안감'을 가지고 대처했더라면 사태가 이 지경이 되었을까. 정부의 안일함과 무능이 더 무섭고 불안하기만 하다.

2020. 2. 2.

민주주의 유린 범죄피의자가 민주주의 호남의 얼굴이라니!

여당이 임종석 전 청와대 비서실장에게 호남 선거대책위원장을 맡아 달라고 했다니 참으로 민주주의 본고장 호남을 무시하는 처사다.

아무리 오만이 지나쳐도 어떻게 민주주의 유린 혐의를 받고 있는 이를 호남을 대표하는 얼굴로 내놓을 수 있는가?

어떻게 하더라도 호남은 자신들을 지지할 거라는 착각이 지나친 것 아닌가.

임종석 전 실장에게 호남 출마 자리도 마련해놓고 있는 모양인데 임 전 실장은 '영전'이 아니라 '친문 국정농단'의 '책임'을 지워야 할 사람이다.

호남 민심은 지난 총선에서 현 문재인 대통령과 더불어민주당의 오만에 경종을 울린 적이 있다.

민주주의의 본고장인 호남은 헌법을 유린하고 법치주의와 민주주의를 유린하는 집단에게 오히려 강력한 경고를 보낼 것이다.

임 전 실장과 여당은 호남 유권자를 우롱하지 말고 국민 앞에 솔직히 죄상을 고하고 용서를 구하는 것부터 먼저 해야 할 것이다.

2020. 2. 3.

대통령의 안일함이 공포가 아닌가

'신종코로나' 대응 국무회의에서 대통령이 하는 말들을 듣고 있으니 죄다 공염불 같기만 하다.

대통령은 시급하고도 구체적인 대응으로서의 어떤 진전된 대안과 방책이 아니라, "과장된 공포와 불안" 탓에 '가짜뉴스 경계령'만 반복하고 있다.

당장 홍콩에서 첫 사망자가 나오고 우리나라에서는 제3국 감염자가 나왔다. 앞으로 일주일 여가 방역의 골든타임이 될 거라고 한다.

우리 국민 지키는 데 중국 눈치 볼 상황이 아닌데 무책임의 극치다.

대한의사협회가 골든타임을 강조하며 일시적 중국 입국 금지 조치를 취하라고 요청했지만 마이동풍이다.

대학의 개강 연기나 중국 유학생 입국에 대한 구체적 조치 등 선제적 대처가 필요한 사항도 손 놓고 있다.

심지어 여당의 이인영 원내대표는 국민들이 무슨 중국인을 혐오한다고 오히려 자신이, '없는 혐오'를 만들어, 조장하고 몰아간다.

신종코로나로 경기가 더 위축되고 각종 모임이 취소되는 등 국민들의 일선 현장은 더 고통이 가중되는데 "경제는 심리"라는 평소 하던 말을 되풀이하는 것도 모자라 마치 감염병에 대한 대처도 심리인 양 말을 하고 있다.

공염불 같은 추상적인 말이 필요한 때가 아니다. "어차피 넘어야 할 산이고 건너야 할 강"이라는 자조적인 말이 아니라 산이고 강이고 난관이 없도록 정부가 철저히 대처하겠다는 경각심과 결연한 의지, 실질적인 대책을 대통령은 국민들에게 말해야 할 것이다.

신종코로나도 경제도 골든타임을 골든타임으로 인식조차 하지 못하고 "실제보다 과장된 공포와 불안"이 탓이라는 기조를 보이고 있는 대통령의 발언들이 너무나 안이하고 무책임하고 무능하게만 다가온다.

국민들에게는 대통령의 안일함이 공포라 할 수밖에 없다.

2020. 2. 4.

얼마나 무서우면 공소장을 숨기는가

법무부가 '청와대 울산시장 선거 개입 의혹' 사건 공소장을 국회의 요구에도 내놓지 않고 비공개하기로 결정한 것이 사실이라면, '국민이 위임한 권력의 사유화'와 '법치 농단'이 어느 정도까지 추악하고 추잡하게 이루어질 수 있는지 보여주는 일대 사건이 아닐 수 없다.

추잡한 정권이 '공소장 내용이 다 맞다'는 사실을 이런 식으로 깔끔하게 공개하는가?

검찰을 협박하고 포박하더니 이제는 국민의 알권리까지 옭아맨다.

도대체 얼마나 부끄럽고 무서우면 공소장을 숨기는가?

법무부가 검찰이 제출한 공소장을 국회에 내놓지 않는다는 것은, 결국 거기에 엄청난 '사실 관계'와 '결론'이 담겼다는 것이고, 그걸 국민들이 보고 아는 것이 몹시도 두렵다는 것이다.

이런 식으로 가면 공소장은 물론 판결문도 못 보게 하고 숨기려 들 것이다.

정말 한 번도 경험하지 못한 사건이 상상을 초월해 벌어지고 있는, 한 번도 보지 못한 나라다.

지금은 권력으로 버티지만, 추미애 장관의 온갖 추태와 불법적 행위는 역사의 기록장에 한 치의 누락도 없이 기록될 것이며, 그 죄상은 훗날의 법정에서 반드시 추궁될 것이다.

모든 행위는 청와대 연출이고, 법무부 장관은 꼭두각시일 뿐이다.

정권이 무리수를 둘수록 국민들은 '대통령이 왜 저럴까' 생각한다. 공소장을 가리면 국민들은 공소장마저 안 보여주는 대통령만 더 의심할 뿐이다.

2020. 2. 4.

수사 '깜깜이' 자기들만 '예외', '법치 농단 정권' 참 뻔뻔하다

법무부가 '청와대 울산시장 선거 개입 의혹' 사건 공소장을 공개하지 않기로 한 것에 비판 여론이 거세지자 입장을 내놓았는데 참으로 뻔뻔스럽기만 하다.

국회에 제출되면 국민이 알게 되는 것이 나쁜 관행이라며 반드시 시정하겠다고 한다.

'적폐 수사'를 할 때는 그렇게 정보를 흘리고 모욕을 주고 일일이 브리핑하며 여론을 이용하고 하더니, '무죄추정'이니 '공정한 재판 권리'니 '명예훼손'이니 하는 것은 하필 왜 자기들에 와서 적용하겠다는 것인가 하는 게 국민들 생각이다.

조국 전 장관에 대한 수사가 진행되면서 정부 여당이 밀어붙인 각종 개정안들은 결국 수사를 '깜깜이'로 만드는 것이었다.

공보준칙도 바꾸고 포토라인도 없애며 공개소환도 없애고 급기야 공소장의 국회 제출 거부까지, 죄다 자신들을 위한 '맞춤형 개정'이었다.

언론의 접근을 원천 봉쇄하고 수사 내용을 철저히 틀어막은 최초 수혜자는 조국 전 장관의 부인 정경심 씨였으며, 결국 '선거 개입 하명 수사' 건까지 '막고 보자'는 식이다.

이런 게 '검찰 개혁'의 미명하에 이루어지고 있다.

사법개혁과 국민의 알권리를 위해 조치를 취했던 노무현 정부의 정신도 전면 부정하고 있다.

헌법에서 보장하는 기본권인 국민의 알권리마저 깔아뭉개는 이 정권의 반헌법적 행태는, 결코 용납할 수 없는 반헌법 반법치 반민주주의 '법치 농단 정권'이자 국민의 신임을 배반한 정권으로서의 증거로 차곡차곡

쌓일 것이다.

자기들만 '예외'를 계속 만들어가는 문재인 정권을 보며 국민들의 생각은 '참 어쩌면 저렇게 뻔뻔할 수 있는가' 하는 것뿐이다.

'국민의 불신임'이 파도가 되어 퍼져나가고 있다.

2020. 2. 5.

'진짜 몸통'을 알아야겠다

'청와대 울산시장 선거 개입 의혹' 사건과 관련 대통령이 계속 침묵하는 것은 대통령으로서의 직무유기로 보인다.

명백히 '공무원의 선거 중립 의무'를 위반한 사항이다.

특히 대통령이나 대통령의 업무를 보좌하는 공무원이 살아있는 권력을 이용해 선거에 개입하는 것은 더더욱 안 될 행동이다.

정상이라면 문재인 대통령이 철저한 수사 지시를 하고 국민 앞에 벌써 사죄했어야 한다.

그러나 그렇게 하지 않고 있다. 대통령의 직무유기로밖에 보이지 않는다.

대통령은 오히려 수사를 못 하게 막았다. 검찰 수사를 와해시키고자 했다.

대통령 비서실 조직 7곳이 나섰으며, 경찰이라는 공권력까지 강제 동원하고 이용하였다.

민주 사회에서 결코 용인되고 용납되어서는 안 되는 사건의 실체다.

'하명 수사' 보고도 선거 전에 18번은 물론 선거 후에도 3번이나 이루어졌으며, 민정수석실 외에 대통령에게 직접 보고하는 국정기획상황실에도 6차례 전달되었다.

대통령이 몰랐을 리가 있는가.

몰랐다면 무능한 것이며 알았다면 무관하다 할 수 없다.

몰랐다면 대통령은 관련자들의 잘못을 엄히 다스려야 한다. 그런데 반대로 검찰 수사를 막으려 했다. 이 과정 역시 반헌법과 불법 소지로 점철되고 있다.

이렇게까지 무리를 하는 것은 결국 대통령이 알고 있었고 관여되었다는 추론 외에는 설명이 되지 않는다.

검찰은 대통령에 대한 수사를 즉각 개시해야 한다.

만약 검찰이 살아있는 권력이 두려워 더 이상 나아가지 못한다면 국회가 특검을 해서라도 밝혀야 한다.

대통령이든 검찰이든 국민의 합리적 의심을 덮고 갈 수 있다 생각한다면 크나큰 오산이다. 국민들은 '진짜 몸통'을 알아야겠다.

2020. 2. 7.

불법이 불법을 낳는 상황, 추미애 법무부 장관은 당장 물러나라

법의 지엄함을 세우지 못하고 한낱 '권력 비리의 방패막이'로 전락한 추미애 장관은 법무부 장관으로서의 자격을 잃은바 당장 물러나야 한다.

'청와대 울산시장 선거 개입 의혹' 사건 공소장을 법무부가 숨겼지만, 언론을 통해 결국 드러났다.

국민들은 청와대가 저지른 범법에 다시 한번 경악하며 왜 정권이 공소장마저 숨기려 했는지 알 만하다.

71쪽의 범죄를 단 3쪽으로 가리려 한 추미애 장관의 소행이 참으로 초라해 보인다.

국민들에게는 법을 지키라고 하면서 가장 큰 권력을 가지고 있는 청와대는 법을 지키지 않아도 된다고 말하고 있는 게 대한민국 법무부 장관이라는 사실을 부인할 수 없다.

추 장관은 국회와 국민에 맞서 공소장을 숨기고 청와대 범죄를 은폐하려 한 그 위법적 책임 역시 져야 할 것이다.

올 초부터 이어진 '검찰 학살'과 '공소장 은폐' 등 문재인 대통령과 청와대, 추미애 법무부 장관을 통해 이루어진 일련의 행동은 '검찰 개혁'이 아니라 권력 비리 은폐와 수사 방해를 위한 거듭된 무리수였다.

무리수가 무리수를 낳고, 거짓이 거짓을 낳고 있으며 불법이 불법을 낳고 있는 상황이다.

국민적 공분과 지탄을 자아낸 추미애 장관이 국민과 맞서려는 문재인 대통령을 빼다 박고 있다.

법 위배행위가 반복되지 않도록 할 헌법수호 의지가 없는 것이며 국민의 신임을 배반하고 있는 것이다.

2020. 2. 8.

대통령이 사과하고 고백해야 한다

'청와대 울산시장 선거 개입 의혹' 사건과 관련 검찰이 임종석 전 비서실장에 대한 추가 수사를 진행한 후 총선 이후 신병 처리를 결정할 것으로 알려졌다.

이미 국민들의 관심은 임종석 전 실장을 넘어 문재인 대통령의 관여 여부에 쏠려있다.

검찰의 수사 초점은 임 전 실장이 아니라 문 대통령에게 맞춰져야 할 것이다.

청와대 8개 조직이 일사불란하게 움직였다. 경찰을 마치 사조직 부리듯이 했다.

이런 '간 큰 일'을 일개 비서실장이 알아서 구상하고 지휘하고 관리했다는 것은 믿기 어렵다.

국민들은 대단히 안이한 생각으로, 절대 해서는 안 될 일을 했을 것으로 추정한다.

그렇다면 국민들에게 솔직히 고백하고 이해를 구하는 것이 '공무원'으로서의 본분일 것이다.

헌법은 공무원을 '국민 전체에 대한 봉사자'로 규정해 그 공익 실현의 의무를 천명하고 있다. 이 의무는 국가공무원법과 공직자윤리법 등을 통해 구체화되어있다.

대통령과 대통령의 업무를 보좌하는 이들도 공무원이다.

대통령은 헌법과 법률에 따라 권한을 행사해야 한다. 또 그 공무수행은 투명하게 공개해 국민들에게 평가받아야 한다.

잘못을 시인하고 용서를 구한다면 참작이 될 수 있을 것이다.

그러나 계속해서 뭉개고 권력을 휘둘러 막으려 한다면 '가중 처벌' 사유만 늘어날 것이다.

대통령은 침묵으로 넘어가려 해서는 안 된다.

국민 앞에 사과해야 하고 고백해야 하며, 관련된 모든 사람들이 수사에 적극 임하도록 지시하고 필요하다면 자신도 투명하게 임하겠다는 선언을 해야 한다.

이것은 지금 대통령이 해야 할 최소한이다.

2020. 2. 9.

민주주의를 빼앗아간 이들로부터 민주주의를 되찾아와야 한다

문재인 대통령과 청와대, 여당에 국민들이 크게 실망하는 것은, 민주화 운동을 했다는 사람들이 민주주의를 농간하고 있기 때문이다.

지난 정권 대통령을 탄핵하며 주장했던 말들도 전혀 지켜지지 않고 있으며, 더 법치를 무너뜨리고 있고, 더 권력을 사유화하고, 더 부패하고 있기 때문이다.

우리 국민들은 철저히 속았다는 생각을 하고 있다.

민주주의를 가장 잘 지킬 줄 알았는데 민주주의를 가장 우습게 보는 사람들이었다.

법에 따라 통치를 할 줄 알았는데 애당초 법을 지켜야 한다는 법의식 자체가 희미한 사람들이었다.

진보 성향의 '민주주의를 위한 변호사 모임' 소속 변호사가 "공소장 내용은 대통령의 명백한 탄핵 사유이고 형사처벌 사안"이라고 밝힌 것을 국민들은 심각하게 받아들인다.

이 변호사는 "민주화 세력은 독재정권을 꿈꾸고 검찰은 반(反)민주주의자들에 저항하는 듯한 초현실"이라고 지적하고 있다.

진중권 전 교수가, 조국 전 장관이 청문회에서 "나는 사회주의자"라

하던 말을 인용하며 울먹인 이유를 국민들은 알고 있다.

너무나도 참담하기 때문이다.

'타는 목마름으로 민주주의'를 외쳤던 그 열정과 열망과 헌신이 이렇게 한순간에 이토록 참담한 몰골로 무너져 내릴 수는 없기 때문이다.

우리는 민주주의를 빼앗아간 이들로부터 민주주의를 되찾아와야 한다.

그것이 우리가 쟁취한 민주주의고 우리가 지켜가야 할 민주주의이며, 민주 사회를 살아가는 국민의 역할이고 소명이다.

민주주의를 외치던 이가 민주주의를 모독하고 있는 '초현실'을 국민이 나서 바로잡아야 한다.

2020. 2. 10.

민주당은 피해자는커녕 가해자 같은 13호 인재 취소하고 사과하라

사법행정권 남용 의혹과 관련 이른바 '사법농단 피해자'가 아니라는 의심을 받아온 더불어민주당 13호 영입인재 이수진 전 판사가 피해자는커녕 가해자에 가깝다는 증언이 확인돼 참으로 어이가 없다.

더욱이 이 증언은 같은 '사법농단 폭로자'로 명성을 날려 민주당 10호 영입인재로 내세워진 이탄희 전 판사의 법원과 검찰 조사 진술이다.

같은 사안의 10호 인재가 13호 인재를 부인하는 꼴이다.

이수진 전 판사는 '양승태 대법원'에 맞선 사람이 아니라 충실한 '스피커'였다는 것이다.

애당초 '물의 야기 법관 리스트'에도 없었다.

이 전 판사는 업무 능력이 떨어진 게 이유인데 본인의 억울함을 과장하여 정치적 이익을 취한 전형적인 예가 되고 있다고도 한다.

오히려 이 전 판사가 누구나 희망하는 대전지법으로 발령이 나는 등 '혜택'을 입었다고도 한다.

민주당은 재판 중인 사법행정권 남용 의혹을 재탕 삼탕 사골 우리듯이 총선을 겨냥한 '인재 영입 쇼'에도 적극 활용하고 있는데 적어도 '진짜인지 가짜인지' 정도는 가려서 해야 하는 것 아닌가.

13번 영입인재가 피해자가 아니라는 증언을 10번 영입인재가 하고 있는 격이니 누구 말이 맞는지 내부 교통정리라도 하기 바란다.

민주당은 더 이상 국민을 우롱하지 말고 당장 인재 영입을 취소하고 사과해야 할 것이다.

2020. 2. 11.

'악마의 유혹' 안 된다

청와대에서 '한·일 군사정보보호협정(GSOMIA·지소미아) 종료' 주장이 나오고 있다는 소식이 우려스럽다.

지난 11월 지소미아 종료 유예 이후 일본은 최초 3개 품목 수출 규제 중 1개 품목을 완화했고, 한일 국장급 정책 대화와 정상회담도 진행됐다.

이후 더 진전이 되지 못하고 있는 상황은 오히려 정부가 잘못하고 있다는 것이다.

얼마나 노력하고 성과를 거두고 있는지 국민에게 설명을 하고 이해를 구하며 다짐을 하는 것이 먼저다.

총선을 앞두고 '반일 선동'의 유혹을 느끼고 있다면 참 심각하다.

'죽창가'와 같은 청와대의 반일 선동이 정권에게는 유리할지 모르나 국익의 관점에서는 결코 바람직한 방향이 아니었다.

파국으로 치달은 지소미아 파기는, '동맹 뺨 때리고 제 눈 찔렀다'는 대내외 평가가 컸다.

신중하지 못한 처사로 어리석게 행동하지 말기 바란다.

무책임한 반일 선동은 총선에서도 오히려 여당에 독이 될 것이다. 악마의 유혹일 뿐이다.

부디 국가와 국민을 생각하는 정권이 되어야 한다.

2020. 2. 12.

청와대와 대통령에 대한 후속 수사 무력화 시도

추미애 법무부 장관이 검찰 내 수사와 기소를 분리하겠다고 했는데 '청와대 보호'를 위해 또 사술을 부리고 있다.

'1, 2차 검찰 학살'과 공소장 은폐에 이어, 도대체 어떤 불법과 편법, 꼼수를 더 고안해낼지 그 끝을 알 수가 없다.

윤석열 검찰총장의 손발을 자르고 손가락 발가락까지 자르더니 이제는 머리와 몸통까지 분리하려는 시도가 아닐 수 없다.

결국 청와대와 대통령에 대한 후속 수사를 무력화하고, 원천적으로 기소를 막으려는 의도이다.

추 장관은 국민의 눈을 가리려 한 공소장 은폐를 계속 고집하겠다고도 한다.

문재인 정권의 '오만과 독선 바이러스'가 추 장관이라는 대형 '숙주'를 만난 것 같다.

마침 조국 전 장관이 추 장관이 밝힌 검찰 내 수사와 기소 분리에 대해 매우 의미가 있다고 박수를 보낸다 했다.

자중하며 조용히 있어도 모자랄 조 전 장관이 참 뻔뻔스럽다.

아무리 검찰 수사를 뚫을 묘수라 해도 범죄자가 검사 앞에서 대놓고 박수 치며 좋아하는 모습을 국민들이 보고 있어야 하는가.

2020. 2. 12.

'국민 염장 생업 지장 총리' 국민에게 고통 주는 정부답다

정세균 총리의 무리한 의전이 논란이다.

총리를 위한 교통 통제로 시민들에게 큰 불편을 주고 생업에도 지장을 초래한 것이다.

국무총리를 '대통령 코스'로 사용하는 정 총리가 벌써 대통령이 되었다고 착각하는 것인가. 아니면 대통령 연습을 미리 하는 것인가.

그런데 정 총리의 의전은 대통령도 하지 않은 것이었다고 하니, 대통령 위에 총리라고 해야 할까.

"손님 없어 편하겠네" 하며 위로랍시고 정신 나간 말들을 했던 총리가 커피 가게에 들러서는 "요새 커피 가게들은 다 잘되는 것 같은데?"라고 이연타로 국민 염장을 질렀다고 한다.

커피점들이 최저임금 인상 여파로 경영난에 처하고 있는 현실을 전혀 모르고 있는 것이다.

대통령은 물론 국무총리까지 이렇게 국민의 고통에 깜깜이니 국민들이 민주당만 빼고 투표하겠다는 말을 하는 게 당연하다.

가는 곳마다 국민 염장에 생업 지장 정 총리는 차라리 국민 앞에 나타나지 말기 바란다. 안 보이는 게 돕는 것 같다.

가히 국민에게 고통을 주는 정부답다.

2020. 2. 15.

'다 죽게 생겼는데' '십시일반 운동'이라니 기가 찰 뿐이다

전주 한옥마을 임대인들의 자발적 선언은 참으로 감사하고 박수를 받을 만하다.

그러나 대통령이 이를 SNS에 올려 독려하고 있는 모습은 참 염치없이만 보인다.

'착한 임대인 운동'이라며 '십시일반 운동'을 하자고 한다.

오늘 심각한 난국의 대한민국 대통령이라는 직위가 자칫 국민 편 가르며 민간 운동이나 제안하고 있을 만큼 한가한 자리인가.

대통령은, 임대인이고 자영업자고 '다 죽게 생겼다'는 것을 먼저 자각하기 바란다. 누가 착하고 착하지 않고를 논할 때가 아니다.

정작 대통령이 해야 할 말은 모두에게 죄송하다는 표현일 것이다.

가장이 무능하면 식솔들이 밥을 굶고 사장이 무능하면 회사가 망하는 법이다.

대통령이 무능하면 국가가 망하고 국민이 고통으로 내몰리는 것이다.

무능한 대통령에게 하소연을 하다 하다 속이 다 문드러진 국민을 앞에 놓고 십시일반 운동이라니 참 염치라도 있기 바란다. 전 국민이 기가 찰 뿐이다.

2020. 2. 16.